PÈLERINAGE
DE DREUX.

PÈLERINAGE
DE DREUX,

DÉDIÉ

A SA MAJESTÉ LE ROI DES FRANÇAIS

PAR

MARIE-NICOLAS-SYLVESTRE GUILLON,

ÉVÊQUE DE MAROC,
AUMÔNIER DE SA MAJESTÉ LA REINE,
DOYEN DE LA CHAPELLE ROYALE DE DREUX.

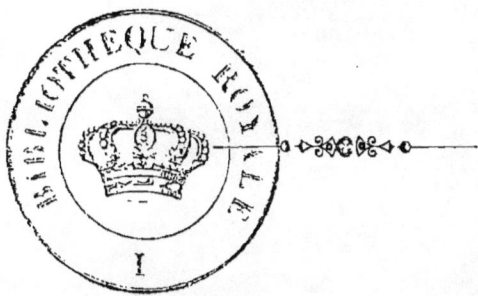

PARIS,
TYPOGRAPHIE DE FIRMIN DIDOT FRÈRES,
RUE JACOB, 56.

—

M DCCC XLVI.

À Sa Majesté

Louis-Philippe,

Roi des Français.

Sire,

Amené par le cours des ans au terme de ma carrière, je prends la liberté de déposer aux pieds de Votre Majesté ce dernier témoignage de ma reconnaissance pour ses bienfaits, et de mon dévouement pour sa personne et son auguste famille.

Tel est, Sire, le double sentiment qui m'a inspiré ce faible écrit, dont je prie Votre Majesté de vouloir bien agréer l'hommage

Je suis avec respect,

Sire,

de Votre Majesté,

le très-humble et très-obéissant serviteur et sujet,

† M. N. S. Guillon,

Évêque de Maroc, Aumônier de Sa Majesté la Reine, Doyen de la Chapelle Royale de Dreux.

AVANT-PROPOS.

Le Pèlerinage de Dreux ne suppose pas un simple motif de curiosité; il s'allie au sentiment religieux qui le développe et le féconde. L'aspect de ces tristes débris de l'humanité, mêlé aux belles créations de la munificence royale qui s'y trouvent rassemblées, excite naturellement la pensée à de hautes et salutaires méditations, et réveille dans tous les cœurs la conscience de nos devoirs, de nos destinées propres, et de nos communes espérances.

Telle est l'intention dans laquelle nous présentons ce petit ouvrage aux personnes qui viennent visiter la Royale Chapelle, destinée à la sépulture des Princes et Princesses de la famille d'Orléans, soit pour en admirer les magnificences, soit pour s'y livrer aux réflexions pieuses qu'inspirent la solitude et l'aspect des tombeaux, soit pour y satisfaire leur dévotion, par l'assistance aux offices publics ou particuliers que l'on y célèbre.

D'après cette vue générale, *le Pèlerinage de Dreux* se divisait en trois parties distinctes, qui ont dirigé notre travail :

1° Description topographique et historique de la Chapelle Royale de Dreux ;
2° Méditations sur les tombeaux, puisées dans les livres Saints, appliquées aux points principaux de la foi et de l'espérance chrétienne;
3° Offices des morts, tels qu'ils sont usités par l'Église dans nos cérémonies funèbres.

PREMIÈRE PARTIE.

NOTICE HISTORIQUE

DE LA CHAPELLE ROYALE DE DREUX.

PREMIÈRE PARTIE.

Notice historique de la Chapelle Royale de Dreux.

L a Chapelle Royale de Dreux, destinée à la sépulture des Princes et Princesses de la famille régnante, a été bâtie sur les fondements d'une ancienne église, dédiée à saint Étienne, dont l'origine serait antérieure au règne de Louis VI, dit le Gros, monté sur le trône de France en 1108.

Ce prince, qui passe communément pour en avoir été le fondateur, n'aurait été que l'un de ses bienfaiteurs; on la voit, plusieurs siècles auparavant, érigée en collégiale composée d'un abbé et de quatorze chanoines réguliers, de l'ordre de Saint-Victor. Après sa sécularisation, dont on ne peut préciser la date, les prébendes retombèrent à la nomination du Roi, sur la présentation des seigneurs engagistes du Comté de Dreux [1].

Située dans l'enclos du château fortifié qui dominait la ville de Dreux, cette église eut beaucoup à souffrir, tant des invasions que les Normands firent à diverses époques dans plusieurs de nos provinces de France, que des siéges où la ville eut à se défendre contre les Anglais en 1421, et particulièrement de celui qu'elle eut l'imprudence de soutenir en 1594 contre Henri IV, obligé, comme l'on sait, de conquérir son royaume.

L'artillerie royale, contrainte, par l'opiniâtre résistance des habitants, de foudroyer le château et d'en démolir les fortifications, endommagea l'église, et ne laissa autour d'elle que des ruines, dont plusieurs encore subsistantes.

Après la reddition de la place, le Comté de Dreux ayant passé sous le gouvernement des Comtes de

---

[1] Le premier qui ait porté le nom de Comte de Dreux fut Robert de France, le quatrième des enfants de Louis le Gros, frère puiné de Louis VII, marié en 1152 à Agnès de Braine: « d'où vient, dit l'historien André Duchesne, que Robert ajouta « à son titre de Comte de Dreux celui de Seigneur de Braine, « et que les enfants sortis de leur alliance prinrent quant et « quant les armes maternelles, demeurées héréditaires à toute la « Maison de Dreux, la coustume n'étant pas encore usitée que « les enfants de France ny les Princes du sang royal portassent « les fleurs de lys en leurs escussons. »

ANDRÉ DUCHESNE, *Hist. de la Maison de Dreux*, livr. I, chap. 1, pag. 19.

Soissons, des Princesses de Carignan et de Nemours, du Duc de Vendôme, petit-fils de Henri IV, de la Princesse Anne Palatine de Bavière, fut de nouveau réuni à la Couronne, et joint à l'apanage de Mgr le Duc de Penthièvre, fils de Mgr le Comte de Toulouse.

Mgr le Duc de Penthièvre ayant cédé en 1783, au Roi Louis XVI, son domaine de Rambouillet, sa pieuse sollicitude pour les morts de sa famille désigna la Collégiale de Dreux pour y recevoir les restes des Princes et Princesses des Maisons de Toulouse, de Penthièvre et de Lamballe, inhumés à Rambouillet, et les réunit dans un caveau pratiqué sous le chœur de cette église.

La translation s'en fit avec pompe dans la soirée du 25 novembre de la même année. Les chanoines, le clergé de la ville et des paroisses voisines, les magistrats et notables, une affluence considérable de peuple, assistaient à la pieuse cérémonie, à laquelle la clarté des flambeaux et le chant des psaumes, retentissant dans le silence de la nuit, donnaient l'aspect le plus imposant.

Dix ans après, Mgr le Duc de Penthièvre étant mort le 4 mars 1793 dans son château de Bizy, près Vernon, fut transporté obscurément à Dreux, et inhumé entre la Duchesse de Modène, sa mère, et la Princesse Marie-Thérèse-Félicité d'Est, son épouse.

Le malheur des temps ne permit pas de rendre à la dépouille qu'il avait laissée sur la terre les honneurs dus à son rang et à ses éminentes vertus, mais n'empêcha point la vénération publique de payer à sa mémoire le tribut des plus sincères hommages.

La Révolution de 1791, qui n'épargnait pas plus les morts que les vivants, étendit ses ravages sur les tombeaux et sur le sanctuaire qui les renfermait. La Collégiale, avec ce qui lui restait de ses antiquités, fut abattue, les sépultures violées, les ossements des morts dispersés et confondus pêle-mêle.

Le terrain, violemment enlevé à ses légitimes possesseurs, avait passé à d'autres mains; la riche succession du Duc de Penthièvre était anéantie; sa vertueuse fille, éprouvée par les plus amères douleurs, attendait au sein d'une terre étrangère le terme de ses tribulations. En 1814, la France lui fut enfin ouverte, et elle s'empressa d'y rentrer.

Ses premiers soins s'occupèrent de la Chapelle de Dreux, dans le dessein d'en faire la sépulture de sa famille. Elle racheta les terrains aliénés, fit bâtir sur les ruines de l'ancienne Collégiale une chapelle, où elle établit un service régulier.

Ce n'étaient là que de simples pierres d'attente par lesquelles l'auguste Bienfaitrice préludait à des constructions qui devaient bientôt rivaliser avec les plus beaux monuments de Westminster, de l'Escurial, de Vienne et de Florence.

Madame la Duchesse d'Orléans n'a pu voir que du haut du ciel l'achèvement de son ouvrage, exécuté par l'aîné de ses fils, Louis-Philippe, Roi des Français.

Elle s'endormit dans le Seigneur le 23 juin 1821, âgée de 68 ans, terminant par une mort douce, après de longues souffrances, une vie toute de bienfaisance et de vertus. Son corps, transporté à Dreux, fut déposé dans la chapelle dont elle avait relevé les ruines. L'inscription mise sur sa tombe était loin de répondre à tous les sentiments que rappelait le nom de l'illustre défunte[1]; la piété filiale l'a remplacée par une épitaphe plus historique, dont l'énergique et élégante concision ne laisse rien à désirer. Après lui avoir érigé dans l'église d'Eu une colonne monumentale, elle lui réservait dans celle de Dreux un tombeau plus digne de l'auguste dépouille.

En montant sur le trône, Louis-Philippe avait à pourvoir aux intérêts de l'ancienne et vénérable basilique consacrée à la sépulture des Rois ses prédécesseurs. Il n'est pas de ceux que la perspective de l'avenir épouvante. Saint-Denis, dévasté depuis 1793, était loin d'avoir réparé ses pertes. L'on s'étonnait qu'une église, en possession de tant de richesses, n'eût jamais été complétement achevée. Il fallait suppléer à la stérile magnificence de Napoléon et des Princes qui l'avaient remplacé. Les Princes de la Maison d'Orléans lui étaient

---

[1] « La voici : Ici repose Louise-Marie-Adélaïde de Bourbon-Penthièvre, Duchesse d'Orléans, née le 23 mars 1753, décédée à Ivry, près Paris, le 23 juin 1821, transportée ici le 3 juillet 1821. »

en quelque sorte étrangers. Anne d'Autriche, Reine de France, mère de Louis XIV, en faisant construire sa belle église du Val de Grâce, à Paris, avait stipulé par son testament : « que les cœurs des Rois y fussent « déposés, et que les descendants du Duc d'Orléans, « frère du Monarque, y fussent inhumés ; ce qui en « avait fait la sépulture de la Branche d'Orléans [1]. » Ce superbe édifice étant devenu, par suite de la Révolution de 1791, un hôpital militaire, Madame la Duchesse d'Orléans douairière, mère du Roi actuel, fit construire, pour y suppléer, la Chapelle de Dreux.

La piété filiale a accepté le legs, et l'a dignement accompli. La basilique de Saint-Denis avait été l'œuvre des siècles ; Louis-Philippe voulut que la construction spontanée de la Royale Chapelle de Dreux ne laissât rien à faire à ses successeurs. En même temps qu'il dotait Saint-Denis de créations admirables, la Chapelle de Dreux prenait rang parmi les plus belles productions de l'art moderne. C'était le Roi lui-même qui présidait à tous les travaux, conservant religieusement tout ce qui avait échappé à la dévastation, traçant de sa royale main chacun des dessins, et, comme autrefois Charlemagne et le sage Charles V, se faisant rendre compte des détails les plus minutieux.

Sa Majesté a pourvu de ses propres deniers à toutes les dépenses. Elle a fourni avec largesse à tous les

---

[1] M. Vatout, *Hist. du château d'Eu*, tom. II, p. 399.

besoins du culte, accru le nombre et l'aisance des aumôniers. Elle voulut mettre à leur tête un prêtre honoré de la dignité épiscopale, et choisit à cet effet celui qui avait eu l'honneur d'initier ses augustes Enfants aux premiers enseignements de la religion.

Située sur le plateau de la montagne, la Royale Chapelle se découvre au loin, et présente au dehors l'aspect le plus pittoresque. Ses murs d'une blancheur éclatante, son portail élégant qu'accompagnent des deux côtés de gracieuses tourelles à plusieurs étages, comparables pour leur légèreté et la richesse de leurs décorations à celles de nos plus belles cathédrales ; près de l'entrée, ces groupes avancés de Bienheureux paraissant se tenir sur le chemin pour indiquer aux voyageurs la maison de la prière, comme étant la porte du ciel ; ces savantes sculptures qui tour à tour attirent vos regards, la rosace qui encadre l'horloge, les deux grands médaillons symboliques qui s'y font remarquer, les nombreuses galeries qui entourent l'édifice, le dôme qui le couronne, surmonté lui-même de l'image de la croix s'élevant triomphante vers le ciel, attestent l'heureuse alliance de l'antique et du moderne dans l'emploi habilement combiné des styles gothique, lombard et byzantin, ramenés à leurs formes les plus sévères. En quoi le goût du Prince a été secondé à souhait par l'intelligence de son architecte, M. Lefranc.

L'admiration, tout à coup saisie par cet ensemble

de merveilles, a besoin de se recueillir en présence de chacune d'elles.

Parmi les sculptures qui signalent cette brillante partie du religieux édifice, il en est une qui en fait aussitôt reconnaître le caractère et l'objet spécial.

Avant de pénétrer dans l'intérieur du temple, un Ange vous apparaît comme envoyé par Dieu même pour consoler dans leur affliction les cœurs à qui la mort a enlevé l'objet de leur tendresse. C'est l'Ange de la résurrection, qui, debout sur le seuil du funèbre sanctuaire, fait retentir à travers les tombeaux la parole prophétique de Daniel : *Evigilabunt*[1]. — Ils ne sont donc pas morts; ils sommeillent.

L'édifice se partage en chapelle basse et en chapelle haute.

I. Chapelle basse.

Descendons dans la première.

Elle se compose des caveaux, au nombre de quatre, se communiquant l'un à l'autre, et se partageant en deux étages, dont le supérieur, qui en est aussi le principal, fait la grande crypte de forme circulaire, de même dimension que la coupole de la chapelle. Là se trouvent rangés les tombeaux destinés aux Princes et Princesses du sang royal, tous exécutés sur le même dessin, tous vides encore, à l'exception d'un seul,

---

[1] Les morts, dormant dans la poussière de la terre, se réveilleront. (Dan,. XII, 2.)

celui qui renferme la dépouille de Mgr le Prince de Bourbon-Conty.

Sa Majesté n'a pas permis qu'un monument proclamé modèle par le suffrage universel demeurât, par la suite, dépendant des caprices de l'art. Une pensée plus profonde encore voulut que les tombeaux de sa chapelle rappelassent, dans leurs formes extérieures, l'image de l'égalité à laquelle la mort soumet tous les hommes.

Elle s'élève par-dessus les autres caveaux, dont l'ensemble présente une chapelle spacieuse, distribuée en divers compartiments. On y a conservé deux autels toujours revêtus d'ornements funèbres, longtemps mis à la disposition du service divin, tant que les travaux exécutés au-dessus obligeaient de s'y retirer.

On y arrive soit par un double rang d'escaliers qui y descendent des bâtiments supérieurs, soit du côté des appartements du Roi, auxquels ils se joignent par une communication souterraine, soit du côté du midi, par un assez long corridor pratiqué sous les jardins, et fermé à cet endroit par une grille richement ciselée. Cette partie a retenu le nom de caveau de Mgr le Duc de Penthièvre. Au milieu s'élève un monument qui rappelle le lieu d'où les cercueils auparavant placés sous le chœur de l'ancienne église collégiale, en furent arrachés et profanés en 1793.

Ce furent là les premiers asiles qui s'ouvrirent aux anciens morts de la famille, dépouillés de leur pous-

sière, exilés de leurs sépulcres, et recueillis par S. A. S.
Mᵐᵉ la Duchesse d'Orléans; ceux qui, de la Chapelle de
Rambouillet, avaient été transférés dans la Collégiale
de Dreux par les soins de Mᵍʳ le Duc de Penthièvre [1].
Le nombre s'en était bientôt accru.

Mᵍʳ le Duc de Penthièvre, révéré pendant sa vie,

---

[1] C'étaient Mᵍʳ Louis-Alexandre de Bourbon, Comte de Toulouse, mort le 17 octobre 1737; Mᵐᵉ Marie-Victoire-Sophie de Noailles, Comtesse de Toulouse, morte à Paris le 30 septembre 1766 ; Marie-Thérèse-Félicité d'Est-Modène, Duchesse de Penthièvre, morte le 30 avril 1754 ; Louis-Alexandre-Joseph-Stanislas de Bourbon, Prince de Lamballe, fils de Mᵍʳ le Duc et de Mᵐᵉ la Duchesse de Penthièvre, mort le 6 mai 1768, âgé de 20 ans; Louis-Marie de Bourbon, Duc de Lamballe, mort le 14 mars 1751, âgé de 2 mois; Louis-Alexandre-Stanislas, Prince de Lamballe, décédé à Paris le 30 avril 1755, âgé d'un jour; Mᵍʳ le Duc de Château-Vilain, mort à Paris le 19 mai 1725 ; Mᵍʳ le Duc de Rambouillet; Mᵍʳ le Duc de Guinguant; Mᵍʳ Louis de Bourbon. Ces corps se trouvaient placés sous le maître-autel, des deux côtés de l'Épitre et de l'Évangile; le milieu, réservé à Mᵍʳ le Duc de Penthièvre et à son épouse, Mᵐᵉ Marie-Louise-Félicité d'Est-Modène.— Pas un ne fut respecté.

Nous en devons la conservation au zèle courageux d'un fidèle serviteur de la Maison de Penthièvre. Les os, arrachés de leurs cercueils, furent outrageusement jetés pêle-mêle dans une fosse, près d'une muraille en ruine, qui, étant bientôt venue à s'écrouler, les couvrit de ses décombres. L'honnête Lefebvre, père du suisse-portier d'aujourd'hui, s'occupa plusieurs nuits du soin de déblayer le terrain, parvint enfin jusqu'à la fosse, qu'il couvrit de terre, et marqua l'endroit par une croix de bois; ce qui, à cette malheureuse époque, ne lui aurait pas été pardonné, s'il eût été découvert.

n'avait point échappé après sa mort à la commune proscription. Lui-même il y avait marqué sa sépulture, et à ses côtés celle de son épouse qu'il avait si tendrement aimée ; ses religieuses dispositions semblaient promettre à sa postérité, quand elle viendrait se réunir à lui, le repos dont il avait espéré jouir après sa mort.

Envahis par une fureur brutale, ces précieux restes furent enlevés de leurs cercueils, et jetés confusément dans une fosse creusée à peu de distance de l'église démolie. C'est sur cet emplacement qu'a été construite la nouvelle Chapelle sépulcrale.

On y lisait cette inscription : « Ici, derrière ce mar« bre, sont renfermées dans un même tombeau, par « les soins de S. A. S. Louise-Marie-Adélaïde de « Penthièvre, Duchesse douairière d'Orléans, les dé« pouilles mortelles des Princes et Princesses de sa « famille, déposées avant dans l'église collégiale de « Dreux, arrachées de leurs sépultures le 29 novem« bre 1793, réunies par la piété filiale de S. A. S. Mgr le « Duc d'Orléans, le 28 juillet 1821. »

A peine ce pieux devoir d'hospitalité envers les morts venait-il d'être acquitté, que d'autres morts réclamaient le même service ; et plus d'une fois ces tombes nouvelles furent arrosées de larmes bien amères. La Princesse Françoise-Louise-Marie d'Orléans, Mlle de Montpensier, née le 22 mars 1816 à Twickenham, en Angleterre, n'avait été amenée en France que

NOTICE HISTORIQUE

pour y laisser, dans le cours de l'année 1818, sa dépouille mortelle, qui fut transportée à Dreux.

Moins d'un an après, on y apportait les restes de Mme la Duchesse de Bourbon (Louise-Marie-Thérèse-Bathilde d'Orléans), mariée à S. A. S. Mgr Louis-Henri-Joseph de Bourbon, Duc de Bourbon (Prince de Condé), morte à Paris le 10 janvier 1822, dans la soixante-douzième année de son âge.

La même sépulture recevait le corps du jeune Duc de Penthièvre, le quatrième des fils de la famille d'Orléans, moissonné avant d'avoir atteint sa huitième année, le 25 juillet 1828. Il n'avait vécu que pour la souffrance.

Aussitôt que l'ouragan révolutionnaire qui pesa si longtemps sur la France, se fut enfin calmé, S. A. S. Mme la Duchesse douairière d'Orléans s'empressa de quitter la terre de l'exil, et de se rendre dans sa patrie, laissant au sein de la terre étrangère ses deux plus jeunes fils, appelés prématurément à un monde meilleur.

L'aîné, Mgr le Duc d'Orléans, entouré d'une famille nombreuse, se préparait, par l'exercice de toutes les vertus domestiques, aux destinées que nous voyons si glorieusement accomplies.

Il ne fut pas donné à sa mère de jouir de l'élévation de son fils et du bonheur de la France.

La digne fille du vertueux Duc de Penthièvre avait légué au plus magnanime des fils ses pieuses résolutions, tant pour elle-même que pour les siens ; et ses espérances n'ont pas été trompées.

Son corps, transporté à Dreux, fut déposé dans le caveau de famille. La vénération publique aimera toujours à venir y reconnaître l'endroit où fut placée provisoirement la dépouille mortelle de la généreuse Fondatrice, entourée de la royale escorte qui allait bientôt s'associer à sa solitude.

Sa Majesté le Roi s'était empressée de réunir près de son auguste Mère les précieux restes qu'Elle avait pu sauver des ravages de la destruction, et leur avait destiné les urnes sépulcrales de forme antique, au nombre de quatre, qui se rencontrent dans les caveaux d'avant ceux dits de Mme la Duchesse d'Orléans douairière, et de Mgr le Duc de Penthièvre. Elles contiennent, l'une, le cœur de S. A. R. Mgr le Duc d'Orléans, Régent du Royaume; une autre, celui de Mlle de Montpensier; une autre renferme les cendres de la famille de Bourbon-Conty.

Plus d'une fois déjà les cœurs sensibles de Leurs Majestés avaient été mis à de douloureuses épreuves. Elles avaient eu à déplorer la perte de deux de leurs propres enfants, morts au début de la vie, quand la vive plaie dont elles avaient été frappées vint à se rouvrir plus cuisante encore, pour ne jamais se refermer.

Le 2 janvier 1839, S. A. R. Mme la Princesse Louise-Marie d'Orléans, Duchesse de Wurtemberg, exhalait à Pise le dernier souffle d'une vie à peine arrivée à sa vingt-cinquième année; modèle de son sexe par ses vertus, l'orgueil de notre France par l'élévation de son esprit et l'éclat de son talent, les délices de sa famille par le charme de son caractère.

Ramenée en France, sa dépouille mortelle fut accompagnée jusqu'à Dreux par le Roi son père, par sa famille entière éplorée, et laissée dans le caveau qui lui était provisoirement destiné.

Le jour où les obsèques de la Princesse Marie furent célébrées, l'un de ses frères, S. A. R. Mgr le Prince de Joinville, n'y était pas : la gloire le retenait sous un autre drapeau. La messe finie, le Roi, suivi de ses autres fils et de Mgr le Duc de Wurtemberg, avait jeté, à plusieurs reprises, l'eau bénite sur l'illustre défunte, et s'était tenu longtemps prosterné au pied des restes de sa fille chérie; quand, à travers le chant des psaumes, se fit entendre ce cri : *Pour Joinville absent!* et l'on vit s'avancer, en sanglotant, un jeune homme, qu'il fut aisé de reconnaître pour Mgr le Duc d'Orléans. Il venait, au nom de son frère Mgr le Prince de Joinville, déposer sur la tombe de leur sœur le tribut de leurs communes prières.

Qui aurait pu prévoir qu'il allait être bientôt lui-même l'objet de semblables regrets?

L'année 1842 devait être marquée par une calamité non moins funeste. Le 13 juillet de cette année, jour à jamais lamentable, S. A. R. Mgr le Duc d'Orléans, Prince Royal, l'héritier du Trône, échappé vingt fois au feu des batailles, heureux père, heureux époux, tombait en un moment sous la main irrésistible de la mort, à deux pas de sa royale demeure, sans que ni les sanglots de sa famille, ni les gémissements de la France entière, pussent retarder d'un seul instant l'effroyable catastrophe !

Que de regrets, que de cris déchirants, que de panégyriques nous avons entendu retentir durant toute la longue route que parcourut le char funèbre, depuis la royale demeure jusqu'à la souterraine habitation, où son incomparable père, bien que chancelant sous le poids de sa douleur, eut le courage de descendre pour verser sur ses restes l'eau purifiante ! Et, depuis cette cruelle journée, combien de fois n'avons-nous pas vu la piété maternelle, unie à la tendresse conjugale, venir inonder de leurs larmes ces cercueils chéris !

L'office y fut célébré, comme aux obsèques de S. A. R. Mme la Princesse Marie, par Mgr l'évêque de Chartres, diocésain, assisté de plusieurs autres prélats, et d'un grand nombre de MM. les curés et prêtres de la ville et des environs.

Informée que le monument érigé pour S. A. S. Mgr le Prince de Bourbon-Conty, dans l'église de Saint-Michel Archange de Barcelone, allait être mis en vente comme propriété nationale, Sa Majesté le Roi s'est hâtée de prévenir l'exécution de ce dessein, en donnant les ordres nécessaires pour que les restes mortels de son illustre parent fussent rapportés en France, et réunis, dans les caveaux de la Chapelle Royale de Dreux, à ceux des Princes et Princesses de sa maison : ce qui a eu lieu dans le cours du mois d'avril 1844, avec toutes les cérémonies d'usage.

Cependant l'atmosphère humide et froide des caveaux n'était pas sans danger. Déjà plus d'une expérience avait averti combien un séjour, tant soit peu prolongé, en était redoutable, surtout pour les augustes visiteurs, qui ne s'en laissaient arracher qu'avec une nouvelle douleur.

Dans cette prévoyance, Sa Majesté Louis-Philippe conçut la pensée de reporter ces précieux restes dans un air plus salubre; et Elle en ordonna la translation, qui s'est exécutée sous ses yeux le 22 avril 1844 et jours suivants.

C'était pour les recevoir que s'élevait sur les fondements de l'ancien édifice ébauché par sa religieuse mère, Mme la Duchesse douairière d'Orléans, et que se développait, avec une magnificence vraiment royale, la Basilique sépulcrale, aujourd'hui presque entièrement achevée, où sont accumulées toutes les richesses de l'art ancien et moderne, et qui sera comptée parmi les plus belles productions du génie français. Personne n'ignore quelle est l'auguste main qui en a tracé les dessins.

La translation eut lieu le 22 avril 1844. Le clergé de la Chapelle Royale y procéda dans le rit accoutumé.

Sa Majesté le Roi descendit immédiatement dans les caveaux, visita chacune des tombes, et employa une partie de la nuit à disposer le cérémonial du lendemain, ainsi que les règlements à observer dans la suite pour l'ordre des sépultures [1].

L'office des morts y fut célébré solennellement, en présence du Roi, de toute sa cour, des magistrats et notables de la ville, des autorités civiles et militaires du département.

Sa Majesté avait désiré que le saint sacrifice de la messe commençât dès les premières heures du jour, et fût continué sans interruption jusqu'au service général, terminé par l'absoute, et célébré pontificalement par l'évêque de Maroc, doyen de la Chapelle Royale.

Au départ de Sa Majesté, une immense population, accourue sur son passage, témoignait, par ses acclamations, la sympathie qui l'unissait au motif bien connu d'un voyage exécuté par le double sentiment filial et paternel.

Il ne reste donc temporairement à la chapelle basse que ses deux autels conservant toujours leur primitive destination, avec les draperies lugubres qui les décorent; il lui reste quelques urnes funéraires, ses

---

[1] Les cénotaphes, préparés par la prière et l'aspersion de l'eau bénite à recevoir les dépôts qui doivent leur être confiés, sont rangés parallèlement aux deux côtés de la chapelle de la sainte Vierge, à la suite des tombeaux déjà existants, ou circulairement dans la grande crypte inférieure.

voûtes hardies, ses caveaux prolongés bien avant sous le sol de la chapelle haute, et dont les premiers habitants doivent être remplacés par de nouvelles générations; enfin, les souvenirs ineffaçables qui l'ont consacrée.

II. Chapelle haute.

Les morts furent de tout temps placés sous la sauvegarde de la religion; les tombeaux et les autels ont toujours été confondus dans un même sentiment de vénération.

Au moment où ils quittaient la vie, à ce moment fatal où le monde tout entier s'écroulait sous leurs pas, la Religion accourait à leur aide, elle soutenait leurs têtes défaillantes, leur assurait ses plus riches trésors, leur offrait une main tutélaire pour les guider dans le passage redoutable du temps à l'éternité, faisait luire à travers les ombres de la mort le rayon consolateur des immortelles espérances.

Elle ne s'en éloignera pas davantage, alors que tout a fui leur présence : bien plus, elle leur prodigue ses plus tendres sollicitudes et ses secours les plus puissants.

Au nom des mérites infinis du Dieu sauveur, elle s'interpose entre la justice et la miséricorde du souverain Juge des vivants et des morts; elle invoque en leur faveur les plus doux instincts de la nature, les investit de sa majesté propre ; et, pareille à l'oiseau domestique, à qui le Sauveur des hommes n'a pas dédaigné de se comparer lui-même, elle se plaît à les rassembler dans ses sanctuaires comme sous son aile maternelle [1].

Oh! combien on aime à voir cette tradition si pieuse, si humaine, se transmettre d'âge en âge, et fonder chez tous les peuples de la terre le culte et, en quelque sorte, la religion des tombeaux !

Cette doctrine, à laquelle tous les siècles avaient rendu hommage, quel vertige sacrilége l'avait fait oublier un moment parmi nous?—Rien ne fut épargné, ni les temples ni les tombeaux.

Pour réparer tant d'outrages faits aux morts, il ne suffisait pas de les réhabiliter dans leurs anciens sanctuaires. Et les temples, et les tombeaux, tout était à reconstruire : et c'est là l'œuvre commencée par Mme la Duchesse d'Orléans, que nous voyons si glorieusement poursuivie par son auguste fils, le Roi des Français.

L'ancienne collégiale, avec ses caveaux, sépulture récente de la famille de Penthièvre, avait disparu, ou ne présentait plus qu'un amas de décombres mutilés. Elle aurait subsisté, qu'à l'exception des matériaux, elle n'eût pu fournir que de faibles secours aux travaux de l'art moderne, comme n'ayant rien de

---

[1] Évang. de S. Matthieu, XXIII, 37.

remarquable dans ses formes architecturales. Les vieillards de nos jours qui l'ont vue, et qui ne parlent qu'avec attendrissement des pertes qu'elle a subies, n'ont rien à raconter qui l'ait pu distinguer des chapelles les plus ordinaires [1].

Le génie réclamait d'autres modèles, et il ne pouvait les trouver qu'en lui-même.

Louis-Philippe voulut subordonner ses plans aux premiers dessins, qu'il trouvait déjà mis à exécution, conformément aux intentions de son auguste mère, Mme la Duchesse d'Orléans. Le dôme, qui s'élève par-dessus l'édifice, pouvait être conservé sans nuire à l'harmonie générale. Tout le reste devint création.

Au-dessus de l'entrée principale, ou porte royale, est placé l'orgue, qui s'est fait entendre pour la première fois le 12 juillet 1845, en présence de la famille royale. L'auguste auditoire a été frappé du contraste que le peu de volume de l'instrument présentait, avec la puissance et l'harmonie de ses sons.

A la voûte, le médaillon de saint Louis.

A l'entrée, deux rares coquilles servant de bénitier, présent de Mgr le Prince de Joinville.

Deux autels en style gothique, en regard l'un de

---

[1] On regrette surtout une riche chasuble, ornée de pierres précieuses, donnée, dit-on, par Robert II, Comte de Dreux, vers 1181, enlevée comme tout le reste du mobilier de cette église, et une Bible ancienne, sur laquelle nous manquons de renseignements.

l'autre, dédiés l'un à sainte Amélie, l'autre à sainte Adélaïde, patronnes de l'épouse et de la sœur du Roi.

Toutes les ornementations de cette partie de l'édifice offrent le même caractère dans le mode d'architecture.

C'est là le vestibule de l'église, où commence la magnifique suite de vitraux, comparables à ceux des plus belles cathédrales par l'éclat des couleurs, et supérieurs par la pureté des dessins, dont le premier, à droite, représente Notre-Seigneur au jardin des Oliviers; à gauche, Jésus-Christ déposé de la croix aux pieds de sa sainte Mère; parallèlement, l'évêque saint Arnould lavant les pieds des pèlerins; en regard, la Reine sainte Amélie distribuant ses aumônes.

Cette sorte de nef vous amène au chœur, de dimension circulaire, ou rotonde, conservée intégralement par le Roi, par respect pour sa mère, Mme la Duchesse d'Orléans douairière. Elle forme aujourd'hui le chœur de l'église, réservé au culte divin, et où les saints offices se célèbrent chaque jour de dimanche et fête, avec la pompe que requièrent la majesté de la religion, l'importance de l'institution, et la dignité des augustes personnages, sans qui cette belle basilique n'existerait pas.

Des gradins ou tribunes, pratiqués des deux côtés, présentent un double amphithéâtre, où plusieurs centaines de personnes peuvent siéger commodément.

L'édifice entier reçoit le jour de larges fenêtres ogivales, en grand nombre, revêtues de ces vitraux dont on avait cru si longtemps le secret à jamais perdu. Derrière l'une et l'autre tribune, vous admirez, à droite, les images en pied de saint Philippe, sainte Amélie, saint Ferdinand, sainte Clotilde, saint Denis, sainte Geneviève ; à gauche, de saint Louis, sainte Isabelle, saint Germain, sainte Radegonde, saint Remy, sainte Bathilde, lesquelles semblent former une double tapisserie transparente, qui s'embellit encore des rayons du soleil.

Dans l'enfoncement des tribunes, un double bas-relief, rappelant l'adoration des Mages ; et vis-à-vis, la résurrection du Sauveur. A la voûte, quatre autres bas-reliefs, figurant saint Ferdinand, sainte Amélie, sainte Adélaïde, saint Arnould.

Sur la voûte, parsemée de rosaces, se font remarquer quatre pendentifs, retraçant les quatre Évangélistes.

Deux autels, où se célèbre chaque jour le saint sacrifice, marquent le passage du chœur au sanctuaire : l'un, sous l'invocation du roi saint Louis ; l'autre, de l'apôtre saint Philippe, patrons du Roi.

Toute cette partie est de style byzantin.

Le sanctuaire emprunte du maître-autel sa plus belle décoration. Il est élevé de plusieurs degrés, revêtu de marbres précieux au dedans et au dehors, et ménage une issue directe à la chapelle de la sainte Vierge, où reposent les dépouilles royales. Avant d'y descendre, vous remarquez, sur le mur intérieur de la crypte qui l'entoure, une frise sculptée, circulant dans toute sa longueur, retraçant, en relief, les principaux faits de l'Ancien et du Nouveau Testament, ou de l'histoire de l'Église des temps modernes, ouvrage des plus habiles maîtres.

Ce qui n'excite pas moins d'admiration et produit encore plus d'effet, c'est l'histoire de saint Louis peinte sur vitraux, et partagée en huit tableaux, qui se correspondent. A gauche, 1° saint Louis rendant la justice au pied du chêne de Vincennes ; 2° saint Louis apportant les saintes reliques à la Sainte-Chapelle ; 3° combat de Taillebourg ; 4° saint Louis donnant la régence à sa mère. A droite, 5° saint Louis débarquant à Tunis ; 6° saint Louis pleurant sur le tombeau de la reine Blanche ; 7° saint Louis recevant l'oriflamme des mains de l'abbé de Saint-Denis, pour sa seconde croisade ; 8° la mort du saint roi.

C'est de là que vous descendez aux caveaux inférieurs par deux portes ogivales, en regard l'une de l'autre, dont le cintre est couronné par deux Anges, l'un portant cette inscription, tirée du prophète Isaïe : *Ecce videntes clamabunt foris, angeli pacis amare flebunt* ; l'autre, désignant le génie de l'immortalité, rappelle ces paroles du Sauveur : *Qui credit in me, non morietur in æternum* [1].

---

[1] A la vue de cette calamité, les étrangers eux-mêmes jetteront des cris perçants, les anges de paix verseront des larmes amères. Isa., XXXIII, 7. — Quiconque croit en moi, ne mourra jamais. Évang. de S. Jean, XI, 28.

De là, vous arrivez à la chapelle de la sainte Vierge, dite de *la Compassion*, où vous a conduit l'élégant escalier qui y descend des deux côtés.

Tout ce que vous y avez sous les yeux vous indique assez à quels souvenirs ce sanctuaire est consacré. Son autel, toujours revêtu de lugubres ornements, est surmonté de l'image de Jésus-Christ étendu mort aux pieds de Marie abîmée dans sa douleur, près de la croix trempée du sang de son divin fils.

Ce tableau, portant l'inscription *Mater dolorosa*, est peint sur verre, ainsi que les quatre autres vitraux allégoriques distribués des deux côtés de la chapelle, représentant la Foi, l'Espérance, la Charité, l'Ange gardien. Au-dessous, quatre bas-reliefs sculptés, retraçant l'Annonciation, la Visitation, la Naissance de Notre-Seigneur, la Purification, l'Assomption de la sainte Vierge, pour rappeler aux âmes chrétiennes que la plus glorifiée de toutes les Créatures en fut aussi la plus éprouvée.

Des Anges sont adossés aux pilastres, exprimant par leurs diverses attitudes l'affliction que leur fait éprouver ce funeste séjour, et témoignant que les Esprits bienheureux s'associent aux douleurs de la terre.

L'architecture entière de cette chapelle, au dehors comme au dedans, est de style gothique.

Les tombes, au nombre de trente-cinq, tant dans la crypte inférieure que dans cette chapelle, rangées dans un ordre circulaire, sont en pierre dure de Tonnerre. Le dessin en est uniforme. Sept ont déjà leurs habitants.

Au centre, s'en élève une dont la place qu'elle occupe, et sa dimension double de celle des autres, fait assez connaître à qui elle est destinée. C'est celle que le Roi Louis-Philippe et la Reine Marie-Amélie se sont réservée. Inséparables durant la vie, ils le seront également après la mort[1].

Heureux époux, chers à votre empire autant que vous l'êtes l'un à l'autre, vivez, vivez longtemps encore pour le bonheur de cette France qui vous doit sa plus belle gloire et de si admirables exemples ! Puisse du moins ce tombeau aujourd'hui scellé, puisse-t-il ne s'ouvrir qu'après de longues générations, et que quand la mémoire de vos vertus et de vos bienfaits aura péri parmi les hommes !

Les tombes qui ont reçu leurs morts en indiquent les noms, avec leurs armoiries. Les inscriptions qui s'y lisent, toutes dans la langue de l'Église, ont été composées par le Roi Louis-Philippe. Nous les reproduisons tant dans le texte original que dans nos faibles traductions.

Les voici dans l'ordre où elles se trouvent rangées :

---

[1] Amabiles et decori in vita sua, in morte quoque non sunt divisi. (II Reg., 1, 23.)

NOTICE HISTORIQUE

1° MADEMOISELLE DE MONTPENSIER.

Francisca, Ludovica, Maria Aurelianensis,
puella vix biennis
in cœlum a Deo revocata,
obiit 21 maï MDCCCXVIII.

Quasi flos egreditur et conteritur.
(Job, XIV, 2.) [1]

2° MADAME LA PRINCESSE MARIE, DUCHESSE DE WURTEMBERG.

Hic transvecta est a Pisa ubi diem supremum obiit
ad quiescendum inter suos
Maria, Christina, Carola, Adelaïs, Francisca,
Ducissa de Wurtemberg :
quæ
Virtutum omnium et ingenuarum artium cultu nobilitata,
Post brevem in terris vitæ decursum,
Feliciter in Domino obdormivit
anno ætatis XXV, 2 Jan. MDCCCXXXIX.

Placita erat Deo illius anima;
ideo properavit educere illam.
(Sap., IV, 14.) [2]

---

[1] Françoise-Louise-Marie d'Orléans, jeune enfant à peine âgée de deux ans, que Dieu s'est hâté d'appeler au ciel, morte le 21 mai 1818.
Semblable à la fleur qui n'est pas plutôt éclose, qu'on la coupe.
(Job, XIV, 2.)

[2] Ici fut rapportée de Pise, où elle est morte, pour y reposer

3° S. A. R. Monseigneur le Duc d'Orléans.

Amantissimum dilectissimumque filium
et speratum successorem
Ferdinandum, Philippum, Ludovicum, Carolum,
Henricum,
Ducem Aurelianensem,
morte acerbissima præruptum
anno ætatis XXXI, 13 Jul. MDCCCXLII,
suisque et universæ Galliæ semper lugendum,
hoc sepulcro condidit
Pater Ludovicus Philippus, Francorum Rex,
MDCCCXLIV.

In charitate perpetua dilexi te,
ideo attraxi te miserans.
(Jerem., XXXI, 3.) [1]

———◦ ❊ ◦———

parmi les tombeaux de famille, Marie-Christine-Charlotte-Adélaïde-Françoise, Duchesse de Wurtemberg.

Elle pratiqua toutes les vertus, et cultiva les beaux-arts avec une éclatante distinction. Après avoir brillé un moment sur cette terre, elle s'est endormie doucement dans le Seigneur, âgée de 25 ans, le 2 janvier 1839.

Son âme a été agréable à Dieu; c'est pourquoi il s'est hâté
de la tirer du monde. (Sagesse, IV, 14.)

(On court admirer à Versailles sa statue de Jeanne d'Arc, un des plus beaux ouvrages de la Princesse Marie. — L'Ange de la Résignation, placé au-dessus de son tombeau, est également une de ses productions : toutes autant de chefs-d'œuvre. Était-ce un secret pressentiment qui la portait à tracer sa propre image ? — Cette délicieuse statue a servi de modèle à celles qui se voient aujourd'hui dans les corniches.)

[1] Le plus affectueux et le plus tendrement aimé des fils,

4° S. A. S. Madame la Duchesse douairière
d'Orléans.

Consepulta jacet sub hoc lapide,
cum ossibus majorum suorum pie collectis,
Ludovica, Maria, Adelaïs de Bourbon-Penthièvre,
Ducissa Aurelianensis,
quæ hanc ædem auspicata
filio suo Ludovico Philippo Francorum regi perficiendam,
ibi ipsa quievit
anno ætatis LXVIII, 23 Jun. MDCCCXXI.

Pertransiit benefaciendo.
(Act., X, 38.) [1]

(Cette tombe est ornée de la statue en pied de la Princesse.)

———o✽o———

l'héritier présomptif du trône, S. A. R. Ferdinand-Philippe-Louis-Charles-Henri, Duc d'Orléans, frappé du coup le plus imprévu à l'âge de 31 ans, le 13 juillet 1842, objet d'un deuil inconsolable pour sa famille et pour la France entière, repose dans ce tombeau, que lui a érigé son père Louis-Philippe, Roi des Français, en 1844.

Parce que je vous aimais d'un amour éternel, je vous ai appelé à moi
avant le temps.
(Jérém , XXXI, 3.)

[1] Sous ce marbre gît, conjointement avec ceux de sa famille dont les ossements ont pu être recueillis, S. A. S. Mme Louise-Marie-Adélaïde de Bourbon-Penthièvre, Duchesse douairière d'Orléans, qui, après avoir jeté les fondements de cet édifice, achevé par son fils Louis-Philippe, Roi des Français, décédée à l'âge de 68 ans, le 23 juin 1821, repose dans ce sanctuaire.

Elle a passé sur la terre en faisant du bien
(Act., X, 38.)

5° Madame la Duchesse de Bourbon.

Hic jacet
Ludovica, Bathilda Aurelianensis,
Ducissa de Bourbon,
in sancta Genovefæ æde,
medio Dei in honore defuncta
anno ætatis LXXII, 10 Jan. MDCCCXXII.

Beati mortui qui in Domino moriuntur.
(Apoc., XIV, 13.) [1]

———o❋o———

6° S. A. R. Monseigneur le Duc de Penthièvre.

Caroli, Philippi, Emmanuelis Aurelianensis,
Ducis de Penthièvre,
qui
vita vixdum inchoata decessit
anno ætatis VIII, 25 Jul. MDCCCXXVIII.
Hic ossa quiescunt.

Sinite parvulos venire ad me.
(Marc, X, 14.) [2]

———o❋o———

[1] Ci-gît S. A. S. Mme Louise-Bathilde d'Orléans, Duchesse de Bourbon, morte dans l'église de Sainte-Geneviève, où elle était allée rendre hommage au Seigneur, le 10 janvier 1822, âgée de 72 ans.

Heureux sont les morts qui meurent dans le Seigneur.
(Apoc., XIV, 13.)

[2] S. A. R. Charles-Philippe-Emmanuel d'Orléans, Duc de Penthièvre, dont la vie, à peine commencée, s'est terminée dans

NOTICE HISTORIQUE

7° Monseigneur le Prince de Bourbon-Conty, (transféré dans le grand caveau circulaire, où il occupe la première place à droite).

Reliquias
Ludovici, Francisci, Josephi de Bourbon,
Principis de Conty,
Barcinone primum ubi exul defunctus erat
anno ætatis LXXIX, 10 Mart. MDCCCXIX,
in sancti Francisci monachorum æde sepultas
ac postea deleto ex monasterio sublatas,
hic inter suorum ossa excepit
Ludovicus Philippus, Francorum Rex.

Sedimus et flevimus cum
recordaremur Sion.
(Ps. CXXXVI, 1.) [1]

———o ✻ o———

la huitième année, le 25 juillet 1828, repose inhumé dans cette chapelle.

Laissez les petits enfants venir à moi.
(Marc, X, 14.)

[1] Les restes de Louis-François-Joseph de Bourbon, Prince de Conty, mort à l'âge de 79 ans, le 10 mars 1819, à Barcelone, où il passa dans l'exil les dernières années de sa vie, déposés d'abord dans l'église de Saint-Michel des Franciscains de cette ville, puis, sauvés de la démolition de cette église, ont été transportés ici, et réunis aux Princes de sa famille par les soins de Sa Majesté Louis-Philippe, Roi des Français.

Assis tristement, nous avons senti nos larmes couler au souvenir de Sion
(Ps. CXXXVI, 1.)

Ils dorment, tous ces morts, au fond de leurs tombeaux, pour ne se réveiller qu'au grand jour de la résurrection générale, attendant sur le seuil de l'éternité ceux qu'ils ont laissés après eux dans la vallée des larmes. Hélas! ce n'est pas eux qui sont le plus à plaindre, mais ceux qui leur survivent! ils ont déposé à l'entrée de leurs sépulcres les misères et les infirmités de la vie. Tout ce qu'ils demandent de nous, c'est de n'être pas oubliés dans les prières que nous adressons à la divine Miséricorde, afin qu'elle leur accorde, pour le temps, un repos que rien ne trouble, et, pendant l'éternité, les béatitudes du royaume que Jésus-Christ nous a acquis par son sang.

Chacun de leurs anniversaires est annoncé solennellement par le son des cloches : appel éclatant à la piété des Fidèles, dans la vue de solliciter en faveur des morts les suffrages des Vivants.

C'est là tout l'objet de la fondation, et des pieux pèlerinages qui s'y rendent; c'est dans cette religieuse intention que la royale munificence a, tout récemment, doté la Chapelle des cloches qui s'y font entendre à chacune de nos solennités.

La bénédiction s'en est faite avec pompe, le 3 juin 1844 [1], par les mains de l'évêque de Maroc, doyen de la Chapelle Royale, aumônier de la Reine des Français.

[1] Ces cloches, au nombre de quatre, portent les noms

Sa Majesté avait fixé ce jour comme étant l'anniversaire de la mort de Mgr le Duc de Montpensier, son frère, inhumé dans l'église de Westminster en 1805 ; témoignage de plus rendu au dogme catholique de la communion des Saints et de l'association des prières.

Tous ceux qui ont parcouru cette montagne avant l'érection de la Chapelle, savent quelle en était la situation ; ce n'était qu'un désert jonché de débris, sans ombre de culture ; à peine sur ses flancs quelques rustiques habitations.

Aujourd'hui l'enceinte tout entière est transformée en un riche panorama qui se projette au loin sur la ville et la campagne, embrassant un horizon sans bornes, et se diversifiant dans les aspects les plus pittoresques.

Le premier objet qui attire et fixe les regards est la Royale Chapelle, avec ses élégantes tourelles que l'on croirait suspendues dans l'air, et les sveltes galeries qui les unissent en couronnant avec majesté l'ancien dôme, que surmonte une croix colossale de bronze doré, trophée de la victoire du Dieu Sauveur sur la Mort.

Sur les divers points de la perspective, des ruines

de Louise-Philippine, Marie-Amélie, Eugène-Adélaïde et Ferdinande-Philippine. Elles pèsent : la première 1750 kilogrammes, la seconde 400, la troisième 1250, et la quatrième 1500.

séculaires, saillantes au milieu de constructions brillantes de jeunesse et d'élégance. Au pied de la montagne, la cité antique des Druides, ramassée comme si elle n'était qu'un seul bâtiment immense, bigarré de formes et de nuances à l'infini, où apparaissent, comme une cathédrale, son église paroissiale du quinzième siècle, s'élançant avec majesté par-dessus tout ce qui l'environne, et son hôtel de ville, glorieux d'avoir résisté au canon de Henri IV.

Dans le rayon qu'occupe la Chapelle, à côté du magnifique sanctuaire érigé à la Mort, les modestes maisons de bois où les nobles habitants du Louvre, de Saint-Cloud et des Tuileries résident durant leur séjour à Dreux.

Sur le vaste emplacement où fut bâtie la forteresse, se font remarquer les maisons affectées aux aumôniers de la Chapelle et à leur doyen, l'évêque de Maroc, toutes remarquables par leur situation et l'élégance de leur architecture, accompagnées de bosquets et de parterres; les jolis pavillons appropriés aux diverses fonctions de la maison du Roi, et les établissements militaires, attestant la prévoyance paternelle du Monarque pour toutes les classes de ses sujets. A l'extrémité du riant tableau, la colonne du télégraphe avec ses jardins, et les ruines antiques auxquelles se rallient tant de souvenirs, forment un aspect des plus intéressants. Dans la foule des points de vue qui animent cette magnifique scène, partout où se portent les regards, des bosquets savamment dessinés, arrosés d'eaux vives, plantés d'arbustes toujours verts, et fécondés par une végétation sans cesse renaissante.

Tant de souvenirs et de contrastes, où se retracent à la fois le néant et la grandeur de l'homme, saisissent l'âme du spectateur, y réveillent les doux instincts de son immortalité, l'élèvent au-dessus d'elle-même, et, en y ouvrant une source ineffable d'espérances et de consolations, y font germer les plus salutaires pensées et les résolutions les plus généreuses.

C'est pour fortifier ces pieux sentiments que nous avons rédigé ce petit livre, à l'usage des personnes qui viennent visiter cette Chapelle, soit pour y assister aux offices publics ou particuliers que l'on y célèbre, soit pour se livrer aux réflexions qu'inspirent la solitude et l'aspect des tombeaux.

Nous leur présentons un guide digne de toute leur confiance, ce livre n'étant tout entier que le langage des saintes Écritures. C'est particulièrement aux âmes affligées que nous l'adressons. Il n'existe donc aucune classe de la société humaine qui ne puisse participer aux fruits de vie et de salut que nous offrons ici au nom de la Vérité éternelle, au nom de Dieu lui-même. « Tout ce qui a été écrit (dans l'un et l'autre Testa-« ment), nous dit son apôtre saint Paul, l'a été pour « notre instruction, afin que nous concevions une

« espérance ferme, par la patience et par la consolation
« que les saintes Écritures nous donnent [9]. »

[9] Quæcumque enim scripta sunt, ad nostram doctrinam scripta sunt, ut per patientiam et consolationem Scripturarum spem habeamus. (Rom., XV, 4.)

DEUXIÈME PARTIE.

MÉDITATIONS SUR LES TOMBEAUX.

DEUXIÈME PARTIE.

MÉDITATIONS SUR LES TOMBEAUX.

I.

Quelle main a précipité tous ces Morts dans la poussière du tombeau? *Ces forts, ces puissants d'Israël, comment sont-ils tombés,* sans qu'ils puissent se relever [1]?

A travers ce lugubre silence, tous ces Morts se sont ranimés à la fois, comme parle le prophète Isaïe [2], pour nous répondre : « Le Grand Dieu « qui nous avait tirés du néant, nous y a fait ren-

---

[1] I Machab., IX, 21. Job, V, 4.
[2] Expergiscimini et laudate qui habitatis in pulvere. Isa. XXVI, 19.

« trer. » Créateur du ciel et de la terre, arbitre souverain de la vie et de la mort, unique dominateur de la nature, sans lui nous n'eussions pas existé; par lui nous avons cessé d'être. Ce corps, formé d'éléments terrestres, uni à un esprit animé par un souffle divin, qui nous l'avait donné [3]? L'union intime, mystérieuse, qui les enchaînait l'un à l'autre, quelle puissance l'avait établie? Dieu a rendu à la terre ce qui venait de la terre; il a ramené à lui la substance impérissable qu'il avait marquée du sceau de sa propre image, qu'il a destinée au partage de son immortelle félicité. Avant que chacun de nous vînt prendre dans ce monde la place qui lui avait été assignée, il avait dit, comme au premier des jours : *Que la lumière soit* pour ce nouvel habitant de la terre, et *la lumière fut*[4]; au jour fixé par ses impénétrables décrets, il a dit : Que la lumière s'éteigne pour ce fils d'Adam [5], et la lumière s'est évanouie; le soleil a disparu : une nuit profonde s'est appesantie sur ses yeux, qui ne se rouvriront plus pour reconnaître l'épouse et la mère venues pleurer et prier pour lui, à la clarté de ces flambeaux funèbres allumés autour de son sépulcre. Et un jour viendra,

---

[3] II Machab. VII, 25.

[4] Genes. I, 3.

[5] Job, IX, 7.

dit son apôtre, où ce brillant soleil, où l'univers tout entier lui-même retombera à sa parole dans le même néant d'où sa parole l'a fait sortir [6].

Suis-je donc plus grand que ce monde, condamné à mourir aussi bien que moi ? Et *qu'est-ce que l'homme ?* qu'est-ce que cette âme humaine destinée à survivre à la ruine de tout l'univers ?

Il est écrit : « Qu'est-ce que l'homme, ô mon « Dieu ! pour que vous daigniez vous occuper de « lui ? Vous l'avez couronné de gloire et d'hon- « neur ; vous avez soumis à sa domination la « nature entière, devenue sa tributaire par l'as- « cendant de sa force ou de son génie [7]. »

Ces dons ineffables dont il a fait trop souvent un si déplorable abus, tant de merveilleuses découvertes qu'il se vante d'avoir ajoutées à l'œuvre de la création, ne proclament-ils pas assez haut la grandeur qui le distingue des autres créatures ?

Se pourrait-il qu'il n'y eût là que le produit d'un hasard aveugle associé aux destinées de la matière inerte dont une partie de son être fut tirée, et dévoué comme elle à l'abjection du tombeau ? ou plutôt n'en est-ce pas assez pour nous convaincre invinciblement qu'il y a, par-dessus toutes les choses visibles et invisibles, un Être supérieur à

---

[6] II Petr. III, 7.
[7] Psalm. VIII, 5-8.

ses ouvrages, existant par lui-même, Créateur universel, de qui tout dépend, et seul ne dépend de personne ; qu'il ne nous a pas sans dessein donné une âme créée à sa propre image, capable de le connaître et de le servir ; qu'il y a dans l'homme un rayon toujours subsistant de la lumière céleste imprimée dans son âme, au moment de sa naissance, par les mains de son divin Auteur[8] ; que les destinées de l'homme ne se bornent pas à cette vie d'un moment, sans cesse disputée par tout ce qui l'entoure ; que celui qui nous l'a donnée est également libre de la reprendre quand il lui plaît et comme il lui plaît ; qu'il n'a pas moins le droit de nous en demander compte ; et que s'il voulut être notre Créateur et notre Père, il veut être aussi notre Juge et notre Rémunérateur ?

[8] Signatum est super nos lumen vultus tui, Domine. Psalm. IV, 7.

II.

S'il est une science qui importe à l'homme, c'est assurément celle de connaître Dieu, et de se connaître soi-même.

Pour nous l'apprendre, n'allons pas chercher nos maîtres ailleurs que dans cette enceinte où nous nous trouvons ; point d'école où les leçons soient plus à la portée de toutes les intelligences que celle de la mort.

Parce que la présence du Dieu créateur du ciel et de la terre se manifeste à tous les yeux par les merveilles qu'il a répandues sur ce vaste univers[1], on a vu les plus beaux génies de tous les siècles, après s'être abandonnés aux transports de l'admiration, de la reconnaissance et de l'amour, déclarer qu'à peine ils avaient pu entrevoir seulement les bords de cet océan sans bornes des perfections dont se compose cette Essence infinie, adorable, qu'il est également impossible et d'ignorer et de comprendre. La langue même des

[1] Rom. I, 4.

Chérubins ne sait que bégayer le cantique de louanges qui retentit sans interruption au sein des tabernacles célestes où elle réside. Les splendeurs du firmament, avec ce brillant soleil qui en fait la plus belle parure, ne nous donnent qu'une faible image de la gloire incommunicable qui vous environne, ô mon Dieu ! et pourtant quels yeux mortels peuvent en soutenir les rayons sans en être éblouis ? — Mais quelle vive lumière accessible à tous les regards vient tout à coup jaillir du milieu des ombres de la mort [2] ? Quel commentaire éloquent les leçons que nous y recueillons ne fournissent-elles pas au livre sacré qui nous apprend tout ce qu'une légitime curiosité a besoin d'en savoir ?

Voulez-vous connaître son nom ? Levez la tête : les cieux vous répondent : « Son nom, c'est le « Tout-Puissant [3] ! ! » Bien que sans voix et sans parole, ils publient dans toutes les langues du monde les grandeurs du Dieu qui les a faits [4]. Demandez-le à la terre : sur quelque point de ce globe où se dirigent vos pas, elle vous répondra à son tour [5] : Vaste sépulcre ouvert à tout ce qui

---

[2] Producit in lucem umbram mortis. Job, XII, 22.
[3] Omnipotens nomen ejus. Exod. XV, 5.
[4] Non sunt loquelæ, neque sermones quorum non audiantur voces eorum. Psalm. XVIII. 4.
[5] Loquere terræ, et respondebit tibi. Job, XII, 8.

l'habite, elle a vu mille et mille peuples innombrables briller et disparaître à sa surface; chacun des individus dont se composaient ces familles innombrables du genre humain, de qui avait-il reçu l'être, sinon de Celui « qui tient dans ses « mains tout ce qui a vie, et tous les esprits qui « animent la chair de l'homme [6] », seul le Très-Haut, le Terrible, le grand Roi, le Maître de l'univers [7] ?

Oh! combien, Seigneur, votre nom est admirable par toute la terre [8]! Et par où méritez-vous mieux le nom de Tout-Puissant, qu'en exerçant votre souverain empire sur les hommes qui gouvernent le monde [9]? Que d'instruments étrangers il leur faut, à eux, pour venir à bout de leurs desseins! Vous, ô mon Dieu, il vous suffit de vouloir, pour exécuter [10]. — Et quels sont ses arsenaux, ses instruments de guerre? D'un souffle de sa bouche, il renverse les cèdres du Liban [11]. Il parle: une petite pierre détachée de la montagne est

---

[6] In cujus manu anima omnis viventis, et spiritus omnis carnis hominis. Job, XII, 10.

[7] Quoniam Deus excelsus, terribilis, Rex magnus super omnem terram. Ps. VIII, 10.

[8] Domine Deus noster, quam admirabile est nomen tuum in universa terra! Ps. VIII, 10.

[9] Sub quo curvantur omnes qui gubernant terram. Job, XIII, 9.

[10] Dixit, et facta sunt. Ps. XXXII, 9. Quæcumque voluit fecit. Ps. CXII, 3.

[11] Vox Domini confringentis cedros Libani. Ps. XXVIII, 5.

tombée sur la statue d'or, aux pieds de fer mêlé d'argile, et l'a réduite en poudre [12]. Sa main puissante, dit Job, met en pièces les baudriers des rois ; elle les étreint d'une chaîne irrésistible, qui les traîne sans défense dans la tombe [13]. Tous y descendent à leur tour, tous viennent s'abattre aux pieds de cette Majesté suprême, seule immortelle, seule vraiment digne de ce nom [14], sans que de tant de grandeurs et d'opulence il leur reste autre chose qu'un sépulcre [15], et avec lui le triste privilége de dire à chacun de nous : « Ce « que nous sommes aujourd'hui, vous le serez « demain. »

[12] Dan. II, 33-35.
[13] Balteum regum dissolvit, et præcingit fune renes corum. Job, XII, 18.
[14] Coram eo prosternent se omnes qui in pulverem descendunt. Ps. XXI, 31. Soli Deo gloria et magnificentia, imperium et potestas ante omne seculum. Jud. 25.
[15] Solum mihi superest sepulchrum. Job, XVII, 1.

III.

David, continuellement obsédé des ombres de la mort, *garrotté*, comme il le dit lui-même, *des liens du tombeau*[1], a sans cesse à la bouche le nom du Seigneur. Il le voit, il le contemple, le bénit et l'adore nuit et jour, dans tout ce qui se présente, à ses yeux et à sa pensée, sur le vaste théâtre de l'univers et par delà ses limites, dans les tabernacles célestes qu'il s'est choisis pour être *sa retraite inaccessible*, et dans les abîmes les plus reculés de la terre, dans les merveilles de la création et dans les phénomènes de la nature, dans les innombrables témoignages donnés aux hommes de son infinie bonté, et dans les arrêts sévères de sa justice tant générale que particulière. Il entend sa voix retentir *avec magnificence* dans les mugissements de la mer, dans les éclats des tonnerres et des tempêtes [2].

[1] Circumdederunt me dolores mortis, et pericula inferni invenerunt me. Ps. CXIV, 3.
[2] Ps. LXXX. I Tim. VI, 10. Psalm. XXII, CIV, VIII, XII, XIII, XV, XVII, XXVI, XXVIII, etc., etc.

Présent en tous lieux par son immensité, à ses yeux rien n'est caché, rien n'est obscur, ni les ténèbres de la nuit, ni les antres du sépulcre [3]. Où pourrais-je aller, ô mon Dieu ! pour être loin de vous ? Dans quelle retraite profonde irais-je m'ensevelir, où je ne sois atteint et pénétré par vos regards [4] ? Vous êtes l'Infini, sans commencement ni fin. Car qui aurait pu lui donner l'être ? *Roi immortel des siècles* [5], il a vu, du centre de son éternité, mille et mille générations naître, s'agiter sur la scène du monde, et disparaître. Et tandis qu'autour de lui tout change, tout passe, tout périt englouti dans l'abîme du temps, lui seul toujours le même, dans ce flux et reflux continuel des choses humaines, ne change pas ; et ses années seront encore, après tous les siècles, ce qu'elles furent avant tous les siècles [6].

Objet de ses méditations, le Seigneur est aussi le centre de ses affections. Les maximes les plus nécessaires à la conduite de la vie, les sentiments les plus dévoués, les plus tendres expressions et les consolations les plus efficaces à présenter aux

---

[3] Oculi ejus super vias hominum, et omnes gressus eorum considerat : non sunt tenebræ, et non est umbra mortis, ut abscondantur. Job, XXXIV, 21, 22.

[4] Quo ibo a spiritu tuo, et quo a facie tua fugiam ? Ps. CXXXVIII, 7.

[5] Regi sæculorum immortali. 1 Tim. I, 17.

[6] Tu autem idem ipse es, et anni tui non deficient. Ps. CI, 28.

cœurs affligés, échappent de son cœur comme d'une source intarissable. Jamais l'éloquence humaine ne produisit de tels accents : « Vous êtes, ô
« mon Dieu! mon Protecteur, ma force, mon re-
« fuge, ma lumière, mon espérance, mon Sau-
« veur dans le temps et pour l'éternité [7]. Vous
« êtes mon bien suprême, mon bien unique, hors
« duquel il n'y a que vide, tourment et affliction
« de cœur et d'esprit, jusqu'au fortuné moment
« où, libre enfin de ma captivité terrestre, je me
« trouverai enfin réuni à la terre des vivants [8]. »

O saint Prophète! qui vous a inspiré ce sublime langage? — La pensée de la mort, la pensée du temps qui n'est plus, comparé à celui qui n'est pas encore, mais qui n'aura jamais de fin : *Cogitavi dies antiquos, et annos æternos in mente habui* [9].

[7] Psalm. 17 passim.
[8] Psalm. XVI, 15, XXVI, 15.
[9] Ps. LXXVI, 6.

IV.

En présentant à nos adorations le Dieu Créateur du ciel et de la terre, Père de tous les hommes, de qui la Providence gouverne le monde, la nature et la religion s'unissent pour proclamer le dogme de la commune fraternité du genre humain. Mais leurs voix se perdent dans le tourbillon où la société humaine se trouve emportée.

Il règne dans toutes les conditions, parmi les plus élevées comme parmi les plus vulgaires, une funeste émulation à qui s'éloignera le plus de la pensée de Dieu [1] et des salutaires conséquences qui en dérivent [2]. Chez les grands et les heureux du siècle, l'entraînement des affaires et des plaisirs absorbe tous les moments, et ne permet plus de s'occuper de la seule chose vraiment nécessaire [3].

On dirait que, du sein des prospérités terrestres,

---

[1] Sap. XIV, 3.
[2] Non est qui faciat bonum, non est usque ad unum. Ps. XIII, 2.
[3] Porro unum est necessarium. Luc. X, 42.

s'élève une vapeur enivrante qui trouble la vue, égare les sens, et ne laisse rien apercevoir au delà. On se croit être d'une nature supérieure à celle des autres hommes; et l'on a peine à se reconnaître des égaux sur la terre, quand une fois l'on a pu oublier que l'on a un Supérieur dans le ciel.

Chez les inférieurs, une inquiétude générale, convulsive, déguisée sous les noms les plus spécieux, à qui toute autorité est importune ou suspecte, laquelle travaille tous les esprits, rapporte tout à soi, affecte de méconnaître les oracles de la sagesse antique, déplace les professions diverses, les emporte loin des limites que la Providence semblait leur avoir fixées, arme les passions les unes contre les autres, et fait de la société entière un chaos. Ah! quand les lois divines et humaines sont ainsi outragées, de quel nouveau Législateur, ô mon Dieu! emprunterez-vous la voix pour ramener les hommes au pied de cet Évangile que vous avez fait descendre du ciel, comme le code où tous pussent lire leurs communs devoirs?

Souverain Dominateur des nations, Auteur de la nature comme de la religion, établissez par-dessus les grands et les petits, les rois et les peuples, *ce Législateur*[4], aussi ancien que le monde,

---

[4] Constitue super eos Legislatorem, ut sciant quia homines sunt. Ps. IX, 20.

contemporain de tous les âges, qui ne connaît ni faveur ni exception, que rien ne fléchit et ne désarme, ce Roi des *épouvantements*, comme parlent vos Écritures [5], qui convoque à son tribunal tous les fils d'Adam, pour leur apprendre qu'ils sont hommes, tous frères, tous vos sujets et vos justiciables. — Est-il nécessaire de le nommer ? Non ; ses œuvres le font assez connaître.

[5] Job, XVIII, 14.

V.

O vous qui ne pouvez vous résoudre à voir ces prospérités terrestres dans d'autres mains que dans les vôtres, et en prenez prétexte d'accuser la Providence de l'inégalité qui règne dans les conditions humaines; vous à qui elle a donné en partage l'obscurité, l'indigence et la maladie; qui peut-être, dans l'excès de votre affliction, avez appelé à votre secours la mort refusée à vos gémissements [1], vous tous, vous avez ici de quoi vous consoler.

La Providence n'attend pas, pour se justifier, que le jour du dernier jugement rétablisse l'égalité des conditions. Ici nulle différence entre le grand et petit, le riche et le pauvre, le serviteur et le maître [2]. Ni les fastueuses pyramides, ni les riches mausolées qui couvrent ces Morts privilégiés, ni les chefs-d'œuvre de l'art prodigués autour d'eux, n'ont pu leur conférer rien

---

[1] Qui expectant mortem, et non venit. Job, III, 21, 25.
[2] Parvus et magnus ibi sunt, et servus liber a domino suo. Ibid, 19.

de ce qu'ils ont perdu, et qui manque également aux autres hommes.

Vainement les lois humaines s'efforceront de rétablir au sein des sociétés cette égalité que l'orgueil des passions désavoue. Évoqués au tribunal de la Mort, tous apprennent enfin qu'enfants du même Père qui est dans le ciel, enfants du même père ici-bas, tous sont réservés aux mêmes destinées ; et qu'il n'y a point aux yeux du Seigneur d'acception de personnes[3]. Ainsi le tombeau confond à la fois et l'esprit de domination dans les grands, et les révoltes de l'esprit d'indépendance dans les petits ; et la Providence est vengée.

Je reconnais à présent la vérité de cette parole du Sage : *qu'il vaut mieux aller à la maison du deuil qu'à celle du festin*[4]. La première nous présente l'utile miroir de ce que nous serons, et l'image des séparations que nous aurons à subir ; l'autre nous trompe par les fausses couleurs qu'elle jette sur les divertissements et les biens du monde.

[3] Non est acceptio personarum apud Deum. Coloss. III, 25.
[4] Melius est ire ad domum luctus, quam ad domum convivii. Eccle. VII, 3.

VI.

Voilà donc une école qui nous apprend, plus doctement que des milliers de livres écrits par la main des hommes, les décrets de Dieu et les desseins de sa providence. Pourquoi les biens et les maux de la vie présente? Pourquoi ici-bas les choses ne sont-elles pas à leur place, et les uns sont-ils heureux, les autres ne le sont pas? — Mais pourquoi aussi la vie humaine, si diverse, si partagée dans son cours, se termine-t-elle pour tous par le même dénoûment, après avoir commencé par une même origine? Il faut bien le redire aux hommes du siècle, si prompts à l'oublier, et faire monter sur le char de triomphe le spectre de la Mort, pour rappeler à César qu'il est homme.

« Il faut, nous dit un saint apôtre, que le riche se confonde dans son propre abaissement, parce qu'il passe comme la fleur de l'herbe[1]. »

---

[1] Glorietur autem frater humilis in exaltatione sua; dives autem in humilitate sua, quoniam sicut flos fœni transibit. Jacob, I, 9-10.

— Quoi! l'iniquité toujours triomphante, et l'innocence le plus souvent affligée! — Ah! laissez l'impie dire au fond de son cœur *qu'il n'y a pas de Dieu*, parce que tout lui paraît aller au gré d'un aveugle hasard. Mais vous qui croyez, et croyez fermement, à Dieu et à sa providence; vous, accoutumés à la bénir dans ses bienfaits et jusque dans les privations qu'elle envoie, ce n'est pas vous qui fermez l'oreille aux avertissements de la Mort, quand elle vous crie que la vie présente « n'est, selon le langage des Livres saints, « qu'une image vaine, fantastique, qui s'agite avec « bruit; ombre sans réalité, fumée qui s'évapore « dans l'air, fleur que le moindre vent flétrit et dessèche, vague qui vient en grondant déposer « sur le rivage une écume sans consistance [8]. » Eh! que dirai-je? Moins encore que tout cela, car tout cela est quelque chose: un néant aux yeux de Dieu et de sa religion, tant l'homme n'est que vanité [9]. Laissez les grands du monde *dormir leur sommeil* [10], et s'imaginer être les seuls nécessaires au monde; la Mort viendra bientôt les arracher à leur funeste illusion. « Moi, le Sei-« gneur, le seul Dieu vivant et véritable, seul

---

[8] Ps. XXXVIII, 7. — CVIII, 13. — CI, 4. — CII, 15. — Sap. V, 15. — XXXVIII, 6.
[9] Substantia mea tanquam nihilum ante te. Ps. XXXVIII, 6.
[10] Ps. LXXVI, 6.

« fort, seul puissant, j'ai dit : *Vous êtes des dieux,*
« mais vous mourrez aussi bien que les derniers
« des hommes[11]. » Et, au sein de cette chair dont
ils ont fait leur idole, il a lancé tout à coup
l'aiguillon de la Mort, comme on se sert de
l'éperon ou de tout autre instrument pour se
rendre maître du coursier rebelle.

Père miséricordieux et toujours prêt à pardonner, il souffre que des fils prodigues s'égarent loin de lui, dans l'espérance que la menace de la misère et la perspective des haillons du tombeau les ramèneront à la maison paternelle[12]. Nous tous, qui que nous soyons, ne nous est-il pas arrivé à nous-mêmes de nous laisser entraîner loin de ses commandements par les séductions d'un monde frivole, suborneur, et les passions volages de la concupiscence, qui renversent l'esprit même contre sa volonté[13]? *Étrangers et voyageurs* ici-bas[14], nous oublions que nous n'avons pas sur la terre de *cité permanente*, et nous perdons de vue la patrie vers la-

---

[11] Ego dixi : Dii estis, vos autem sicut homines moriemini. Ps. LXXXI, 6. — Ps. XXXI, 9.
[12] Luc. XV, 14-21.
[13] Fascinatio enim vanitatis obscurat bona, et inconstantia concupiscentiae transvertit sensum sine malitia. Sap. IV, 12.
[14] Advenae et peregrini. I Petr., II, 12.

quelle nous marchons [15]. Nous prenons l'ombre pour la réalité ; nous oublions que la vie présente n'est qu'un passage à une vie future, et le temps, l'introduction à l'éternité. Dieu veut bien adoucir, pour quelques-uns, les rigueurs du commun exil, en leur permettant de jouir des biens terrestres qui leur viennent de ses mains libérales, à la condition *qu'ils les possèdent sans en être possédés* [16], qu'ils les partagent avec ceux qui en sont dépourvus ; il ne veut pas que nous y attachions notre cœur [17]. C'est dans cette vue qu'il les accorde indifféremment à ses amis et à ses ennemis, tant il les juge de peu de valeur ; qu'il les a mêlés de tant d'amertumes, qu'il en limite la jouissance à ce court espace d'une vie d'un jour, et que la mort est pour tous l'inévitable écueil où viennent se briser toutes les prospérités humaines.

[15] Non habemus hic civitatem permanentem, sed futuram inquirimus. Hebr., XIII, 14.
[16] Possidentes et tanquam non possidentes. 1 Cor. VII, 30.
[17] Divitiæ si affluant, nolite cor apponere. Ps. LXI, 11.

VII.

Le Seigneur, voulant donner à son peuple une haute instruction sur le précepte de la patience à opposer aux maux divers qui nous arrivent, a consigné dans son code sacré l'histoire d'un patriarche célèbre par ses adversités, et par son courage à les supporter.

Événement réel ou parabole, la leçon qui nous y est offerte n'en est pas moins digne de nos méditations.

L'ennemi du genre humain, Satan, osait suspecter sa fidélité au service de Dieu, la droiture de son cœur, ses vertus domestiques, que la bonté divine n'avait pas laissées sans récompense. « Est-ce gratuitement que Job craint Dieu, pour « que vous multipliiez de plus en plus sur la terre « les biens qu'il y possède? Mais étendez un peu « la main sur lui, et vous verrez s'il continuera « de vous bénir dans ses disgrâces [1]. »

Dieu permet que son serviteur soit éprouvé

[1] Job, I, 8—11.

dans ce qu'il a de plus cher. Job révère, il bénit la main qui le frappe; il se contente de se plaindre à Dieu de Dieu même, et n'attend que de lui les seules consolations capables de soulager sa douleur. — « Est-ce qu'il a reçu de la nature un cœur « de pierre et une chair d'airain[2]? »—Non, à Dieu ne plaise! Il sait bien quel est le limon dont il fut pétri [3]. Et c'est lui qui prêtera aux cœurs affligés de tous les temps le langage le mieux approprié aux divers sentiments qui les oppressent, lui aussi qui leur fournit les plus touchantes consolations.

Le Seigneur, qui lui avait donné ces biens, n'était-il pas libre de les reprendre [4]? Maître de multiplier à son gré les familles et les nations, également maître de les perdre et de les rétablir après leur ruine [5]? Job ne lui demandera pas, d'un ton chagrin: *Pourquoi avez-vous agi de la sorte* [6]*?* Il sait que ses voies sont incompréhensibles, et que, bien qu'il tienne toutes choses ca-

---

[2] Nec fortitudo lapidum fortitudo mea, nec caro mea ænea est. Job, VI, 12.

[3] Job, X, 8.

[4] Si bona susceperimus de manu Dei, mala quare non suscipimus? Job, II, 10.

[5] Qui multiplicat gentes et perdit eas, et submersas in integrum restituit. Job, XII, 23.

[6] Quis dicere potest: Cur ita facis? Job, IX, 12.

chées en son cœur, il est la sagesse et la puissance souveraine[7]. Qui donc entreprendra d'enseigner à Dieu quelque chose, lui qui juge les Grands de la terre; Providence universelle de qui relève tout ce qui respire, grands et petits, riches et pauvres, savants et ignorants? Pas un seul *dont les jours ne soient comptés*[8].—Valons-nous moins que le dernier des passereaux, dont pas un ne tombe de l'air sans la volonté de notre Père céleste[9]?

Lors donc que, pour nous réveiller de l'assoupissement où nous vivons pour la plupart, il frappe nos regards par de grands exemples et nos cœurs par de vives afflictions, loin d'en murmurer, soumettons-nous à ses décrets adorables sans les interroger.

[7] Job, V, VII, IX.
[8] Mensurabiles posuisti dies meos. Ps. XXXVIII, 6.
[9] Unus ex illis non cadet super terram sine Patre vestro. Matth. X, 29.

VIII.

Nous en avons eu naguère un éclatant témoignage dans la personne de cet homme à jamais fameux, devant qui le monde se tut, muet d'admiration ou de terreur[1]. Longtemps il promena sur l'Europe entière son char de victoire. Pareil à l'Océan mutiné, il a rencontré sur un rivage étranger le grain de sable où l'orgueil de ses flots a trouvé son écueil[2]. Dieu a brisé l'instrument dont il jugea à propos de se servir, dans ses desseins de justice ou de miséricorde sur les peuples et les empires[3]. « L'enfer s'est ému de sa chute, « comme parle le prophète Isaïe ; il a envoyé « ses Morts à sa rencontre, pour lui dire : Te « voilà donc frappé comme le dernier d'entre « nous, et tu es devenu semblable à nous[4], » toi

---

[1] Conquievit et siluit omnis terra. Isa. XIV, 7.
[2] Job, XXXVIII, 12.
[3] Contrivit Dominus virgam dominantium. Isa. XIV, 5.
[4] Et tu vulneratus es sicut et nos ; nostri similis effectus es. Isa. XIV, 10.

que tes flatteurs ne craignirent point d'appeler du nom de Dieu.

Le Seigneur est jaloux de sa gloire, il ne permet pas qu'aucun autre la partage avec lui [5]; et la Mort est le héraut qu'il envoie porter au genre humain les décrets de son impénétrable Providence.

Le même prophète Isaïe a contemplé les magnificences de Babylone, ses fortes murailles et ses portes d'airain, ses jardins suspendus, ses temples somptueux, et ses palais voluptueux, où se ramassent tous les trésors et tous les plaisirs de la terre [6]. Reine des cités, elle disait dans son cœur : J'élèverai mon trône à l'égal du trône de Dieu [7]. — Dieu a soufflé sur l'orgueilleuse rivale. Babylone n'est plus qu'un repaire fangeux, habité par des animaux malfaisants [8].

Comme elle, les cités les plus opulentes ont disparu avec ceux qui les fondèrent : à peine le nom s'en est-il conservé dans l'histoire [9]. Vaine-

---

[5] Deus zelotes... gloriam meam alteri non dabo. Exod. X, 5. — Isa. XLII, 8.

[6] Isa. XIV, 13.

[7] Ascendam super altitudinem montium; similis ero Altissimi. Isa. XIV, 12.

[8] Perdam Babylonis nomen, et reliquias; et ponam eam in possessionem ericii, et in paludes aquarum. Isa. XIV, 23.

[9] Periit memoria eorum cum sonitu. Ps. IX, 8.

ment vous en cherchez les ruines éparses, et qui achèvent de mourir.

Le plus sage des Rois en a tracé de sa main l'épitaphe, inscrite sur tous les points de l'univers, sur chacun des ouvrages sortis de la main des hommes. Rien ici-bas qui ne porte avec soi son arrêt de mort. Une génération passe, une autre survient, qui ira bientôt s'engloutir dans le gouffre où se sont perdues toutes celles qui l'ont précédée, pour ne transmettre à la postérité que ce lamentable refrain : Vanité des vanités, et tout est vanité : *Vanitas vanitatum, et omnia vanitas* [10].

---

[10] Eccles., I, 2.

IX.

O vanité! ô néant des choses humaines! Qu'est-ce, à commencer par la plus noble des créatures de Dieu, qu'est-ce que l'homme, envisagé dans le seul point de vue de la partie de son être qui le destine à la mort? Qu'est-ce que cette substance terrestre associée à une âme immortelle, usurpant sur elle à chaque instant l'empire, et toujours en guerre l'une avec l'autre, jusqu'à ce que la Mort, victorieuse de la tyrannie de la chair rebelle, l'ait mise hors de combat? Et croyez-vous qu'il lui ait coûté beaucoup d'efforts pour abattre cette superbe rivale? Non: un souffle, un atome, un germe de destruction souvent indéfinissable, un petit ver imperceptible s'est caché au cœur de cet arbre, déjà chargé de si belles fleurs. Et voilà le fondement de notre substance: une chair sans cesse menacée, assiégée d'ennemis au dehors, au dedans [1] portant en elle-même les éléments de la corruption, à quoi elle ne peut

---

[1] Cuncti dies ejus laboribus et ærumnis pleni. Eccl. II, 23.

échapper. — Je n'étais pas hier, et demain je ne serai plus. Je n'étais entré dans le monde qu'à la condition d'en sortir; je n'y tiens que par l'appui de la main souveraine qui m'y a placé : qu'elle s'abaisse seulement, et je tombe brisé à terre [2], comme la frêle argile, à qui il ne servirait à rien de demander au potier qui l'a faite : Pourquoi en agissez-vous ainsi [3] ?

Que vous viviez dix ans, cent ans, mille ans : une fois arrivé à l'instant fatal, tout le passé n'est rien ; mille ans sont comme le jour d'hier [4]. Que fait la durée de la course, quand on est au terme du voyage ?

Interrogez tous ceux qui l'ont faite avant vous : pas un qui eût attendu qu'elle finît pour en accuser la rapidité, pareille à l'esquif que le torrent emporte, à l'oiseau qui fend l'air sans laisser nulle trace sur son passage [5].

---

[2] Elevans allisisti me. Ps. CI, 11.
[3] Jerem. XIX, 11.
[4] Sunt mille anni tanquam dies hesterna quæ præteriit. Ps. LXXXIX, 4.
[5] Job, XLI, 6. XIV. 5.

X.

Jusqu'à quand, ô enfants des hommes, serons-nous esclaves de la vanité et du mensonge[1]*?* Jusqu'à quand nos jugements seront-ils déterminés par de fausses apparences, et notre conduite par nos préjugés[2]?

Ce monde est-il donc fait pour remplir nos destinées et combler nos espérances? La terre de l'exil a-t-elle pour nous tant d'attraits qu'ils doivent nous faire perdre de vue les biens de la patrie?

Et cependant, telle est, dit l'Esprit Saint, de nos faiblesses, la plus dangereuse et la plus commune, que l'on s'attache à ces biens du monde comme s'ils ne devaient jamais nous quitter[3]; on ne voit rien au delà des temps. On

---

[1] Filii hominum, usquequo diligitis vanitatem et quæritis mendacium? Ps. IV, 3.

[2] Mendaces filii hominum in stateris. Ps. LXI, 10.

[3] Est infirmitas pessima, divitiæ conservatæ in malum domini sui. Eccles. V, 12.

sait bien qu'entré nu dans la vie, on en sortira de même les mains vides et sans emporter avec soi rien de ce qui peut-être aura coûté beaucoup de travail [4], on le sait; mais on se laisse aisément éblouir par le faux éclat de ce qu'on appelle les biens du monde, richesses, honneurs, plaisirs, gloire humaine; c'est là que l'on fait consister le bonheur et les premières nécessités de la vie. Il semble que ce soit là tout l'homme; et notre vie se consume, pour la plupart, dans un long oubli de nos devoirs envers Dieu, envers nous-mêmes.

O âme créée à l'image de Dieu, âme avide de bonheur, qui le poursuivez dans tout ce qui vous en offre la séduisante image, quel étrange mécompte de se borner à de prétendus biens, dont pas un seul *ne descendra avec vous dans la tombe*[5]! Quand vous les auriez longtemps possédés dans la vie; lorsque votre dernière heure aura sonné, toujours imprévue, toujours brusque comme l'attaque *du voleur de nuit*[6], la foudre part du nuage, qui vient vous abattre tout entier, et vous jette pieds et mains liés, sans que vous puissiez désormais ni vous relever ni vous défendre. Tout

---

[4] Sicut egressus est nudus de utero matris suæ, sic revertetur et nihil auferet secum de labore suo. *Ibid.*, 14.

[5] Ps. XLVIII, 18.

[6] Veniam tanquam fur. Luc. XII, 39.

descend, tout s'engloutit avec vous dans les profondeurs du sépulcre [7].

Vainement ils s'efforcent encore à leurs derniers moments, *ces hommes de richesses*[8], de secouer ces chaînes de la mort qui les enlacent de toutes parts; et leurs mains défaillantes essayent de ressaisir quelque parcelle de ces prétendus biens : tout leur échappe jusqu'à eux-mêmes.

Ces grands, ces heureux du siècle, dont naguère on enviait tant l'opulence et l'autorité, eux aussi ils ont *dormi leur sommeil*[9], et ils ne s'éveillent que pour se voir dépouillés par les mains de la Mort, descendus au sépulcre sans emporter avec eux qu'un linceul, sans autre suite que leurs œuvres, qui sont montées au pied du trône de la Majesté suprême, sans force contre la Mort qui s'acharne sur sa proie, à qui bientôt il ne restera plus qu'une ombre informe et méconnaissable.

Accourez, orateurs, poëtes, historiens; soyez les spectateurs de ce combat d'extermination qui s'engage en champ clos sous ce marbre; et dites-nous à qui est resté le champ de bataille.

---

[7] In profundissimum infernum descendunt omnia mea. Job, XVII, 16.

[8] Viri divitiarum. Ps. XXV, 10.

[9] Dormierunt somnum suum, et nihil invenerunt in manibus suis. Ps. LXXV, 6.

XI.

Faut-il aller chercher bien loin les témoignages de ces tristes vérités? Non, ces Morts que nous avons sous les yeux sont les représentants de tout le genre humain. Consultez les archives de la mort, dans quelque lieu que vous vous rencontriez; embrassez dans votre pensée ces innombrables sanctuaires érigés à la Mort dans tous les lieux de l'univers, où se trouvent entassés, tant à la surface de la terre que dans ses entrailles, ces mille et mille générations qui ont paru sur la scène du monde depuis sa création. Ce qui s'est passé de nos jours n'est que la reproduction de ce qu'avaient vu nos pères, et qu'une anticipation de ce qui est réservé à ceux qui viendront après nous[1]. — Dressez en détail l'inventaire de chacun de ces champs de repos disséminés dans les villes et les campagnes : pas un âge de la vie, pas une condition de la société

---

[1] Jam præcessit in seculis quæ fuerunt ante nos...; nec eorum quæ postea futura sunt, erit recordatio apud eos qui futuri sunt, in novissimo. Eccle. I, 10, 11.

XII.

Rien de nouveau sous le soleil![1]. Interrogez ces tombeaux, objets de votre pieux pèlerinage ; consultez ces inscriptions simples, mais fidèles, qui les couvrent, et dont plusieurs raniment dans vos cœurs de si amers souvenirs. Avec les noms de ces illustres Morts, vous y lisez que les uns, arrivés au terme de leur voyage sur la terre, se sont *endormis dans le Seigneur ;* il fallait bien s'attendre à voir ce mortel mourir.— Mais mourir avant le temps! mais commencer la vie par la mort! Tendres fleurs, elles venaient à peine d'éclore, qu'un vent brûlant en a desséché la tige[2]. Puissent encore ces Rachels désolées que vous voyez près de leurs tombes, n'avoir plus désormais d'autres Morts à pleurer! Ceux-là, s'ils ont ignoré les douceurs de la vie, peut-être aussi n'ont-ils pas connu les angoisses de la mort. — Mais, hélas! à côté de ces vieillards pleins

---

[1] Nihil sub sole novum. Eccli. I, 10.
[2] Qui quasi flos egreditur et conteritur. Job, XIV, 2.

d'années et de mérites, de ces *Potentats* du sépulcre, comme les appellent nos livres saints [3], que l'âge seul y a fait descendre : combien, dans chacun des asiles de la mort, de victimes prématurées, moissonnées dans l'âge de l'adolescence ! Voyez ici : les tombes de ces vieillards et de ces jeunes gens se touchent. Ceux-ci avaient échappé à l'essaim d'ennemis qui assiégent le berceau [4], ainsi qu'aux orages dont la jeunesse la plus robuste est toujours menacée ; c'étaient l'orgueil et l'espérance de leurs familles. Combien de fois plus d'une mère, plus d'une épouse, s'était écriée à leur aspect : *Heureuses les entrailles qui vous ont portés* [5]. Placée en embuscade [6], la Mort s'est élancée sur sa proie, dévorant à la fois jeunesse, beauté, talents, gloire, richesses, félicités terrestres !

Ames innocentes et pures, de qui la contagion du siècle n'avait point flétri la primitive candeur [7] ! Ce n'est pas elles qu'il faut plaindre, mais ceux qui leur survivent. Le Seigneur n'a fait qu'abréger pour elles le temps des épreuves.

---

[3] In potentatibus octoginta anni. Ps. LXXXIX. 10.
[4] Circumdederunt me sicut apes. Ps. CXVII, 12.
[5] Luc. XI, 17.
[6] Sedet in insidiis, in occultis, ut interficiat innocentem.
[7] Raptus est, ne malitia mutaret intellectum. Sap. IV, 11.

qui ne leur fournisse son tribut. Pour tous, ces quelques pieds de terre où reposent leurs cendres sont le triste dénoûment du drame. Heureux ceux qui, fondant leur appui sur d'autres biens que les biens du monde, ont pu dire, avec David : « Quel est l'objet de mon attente ? N'est-ce « pas vous, ô Seigneur ? En vous, ô mon Dieu, « sont toutes mes richesses [2]. »

Cette Royale Chapelle où vous a conduit le simple motif de la curiosité, ou peut-être un sentiment plus respectable encore, elle n'est elle-même, avec toutes ses magnificences, que l'image de l'humanité tout entière. Riches, elle vous présentera d'admirables modèles de l'usage que vous devez faire de vos richesses, pour que les biens du monde deviennent dans vos mains ce qu'ils ont été dans celles de nos illustres Morts, des moyens de salut et des instruments de bienfaisance aussi profitables pour eux que pour les autres. Et vous qui, n'ayant reçu en partage que l'obscurité, que la misère et les tribulations de la vie, demandiez au ciel un coin de terre où vous pussiez reposer en paix [3] : rassurez-vous, le ciel a pourvu à votre sépulture. Celle qui vous

---

[2] Quæ est expectatio mea ? nonne Dominus ? Et substantia mea apud te est. Ps. XXXVIII, 8.

[3] Job, III, 14-22.

attend n'est pas inférieure aux belles constructions qui viennent ici fixer vos regards et votre admiration. Ces riches et élégantes coupoles qui vous apparaissent suspendues dans les airs, valent-elles cette éclatante voûte que les mains du souverain Architecte de l'univers ont étendue sur ce monde peuplé de morts? Tous, hélas! restent muets, insensibles, immobiles au fond de leurs sépulcres, comme vous sous l'humble tertre de gazon qui recouvrira votre cendre ignorée. Et les flambeaux funèbres que nous allumons près de ces augustes dépouilles ne parviennent pas plus à réchauffer leurs cendres glacées, que ne le pourront pour les vôtres les feux vivifiants de ce soleil qui seul, du haut du firmament, brillera sur vos tombeaux.

Si leur séjour sur la terre eût été plus long, les affranchissait-il de la foule des maux auxquels nous sommes tous condamnés? Est-ce donc un si grand mal d'arriver plus tôt au terme de cette vie, qui n'est, à le bien prendre, qu'une longue mort? Peut-on regretter le port après une hasardeuse navigation, et le repos après les agitations orageuses d'un monde où tout est embûche et convoitise des yeux et de la chair[8]? Croyons, croyons plutôt qu'au lieu de se plaindre du décret de la Providence, ces chers objets de notre tendresse se sont félicités de leur émancipation; et qu'en prenant leur essor vers le ciel, ils chantaient ce cantique de la délivrance: « Le lien qui « nous retenait a été rompu, et notre âme a été « délivrée comme l'oiseau qui s'échappe des filets « du chasseur[9]. »—Parents chrétiens! ces enfants que vous avez perdus, croyez-vous qu'ils ne soient pas aussi bien dans la compagnie de Dieu que dans la vôtre?

[8] I. Joan. II, 16.
[9] Laqueus contritus est, et nos liberati sumus. Anima nostra sicut passer erepta est de laqueo venantium. Ps. CXXIII, 7.

XIII.

On sait trop qu'il n'est pas donné à tous les enfants des hommes d'arriver à l'âge fixé communément pour le cours de la vie. On vante les longévités parvenues au delà de soixante-dix années. C'est une sorte de prodige d'aller au delà, à la suite de tant de dangers et de tribulations [1]. « La vie de l'homme, même la plus longue, dit le « livre de l'Ecclésiastique, n'est que de cent ans; « et qu'est-ce que cela au prix de l'éternité? Rien « qu'une goutte d'eau dans le vaste Océan, un « grain de sable sur le bord de la mer [2]. » Écoutez la déclaration d'un illustre patriarche, dont la vie se trouvait encore plus prolongée: « Il y a cent « trente ans que je suis voyageur; le temps de ma « vie a été court et fâcheux, et il n'a pas égalé « le nombre des années qu'a duré celui de mes « pères, et des jours où ils ont été voyageurs [3]. »

[1] Dies annorum nostrorum septuaginta anni. Si in potentatibus, octoginta anni; et amplius labor et dolor. Ps. LXXXIX, 10.
[2] Numerus annorum hominum ut multum centum anni, quasi gutta aquæ maris deputati sunt, et sicut calculus arenæ. Eccli. XVIII, 8.
[3] Genes. XLVII, 9.

XIV.

Ce qui nous détourne communément de la pensée de la mort, ce n'est pas seulement l'habitude des dissipations mondaines, mais la profonde horreur qu'elle nous inspire. Il est naturel à l'homme de s'aimer soi-même. On tient à tout ce que l'on possède, aux objets divers de ses affections; et ce n'est pas sans regret que l'on s'en voit dépouillé. « Il n'y a point là simple « préjugé, dit saint Augustin, mais l'instinct na- « turel de notre conservation [1]. » Ce sentiment qui nous attache à la vie, à nos parents, à nos amis, la religion est loin de le condamner; seulement, elle l'épure et le dirige; elle le féconde et le perfectionne, en l'élevant au-dessus des choses présentes. Non, la religion de Jésus-Christ n'admet point un brutal stoïcisme qui n'a point de pleurs à répandre sur les ruines de l'humanité. L'aspect de ce mort qui nous fut connu, que nous aimions, est le présage de notre propre destruction; il se mêle involontairement à la triste pen-

---

[1] Mortem horret natura, non opinio. August., Serm. CLXXII.

sée des souffrances qui accompagnent les derniers moments, du sombre avenir qui vient après; et c'est pour cela qu'on se hâte communément de l'oublier; comme si, pour l'éviter, il suffisait de n'y pas penser. Et n'est-ce pas, au contraire, parce qu'on est en présence de l'ennemi, et que les surprises en sont le plus redoutables, que l'on doit être le plus sur ses gardes?

XV.

Que la pensée de la mort *soit amère*[1] et désolante pour l'homme qui fait consister ses espérances de bonheur dans les jouissances terrestres: que lui importent à lui Dieu et ses jugements, l'âme et ses destinées? Insensé, qui redoute la mort, et ne fait rien pour rendre la sienne *précieuse aux yeux du Seigneur*[2]! il s'endort au sein d'une léthargique indifférence. Aveugle qui marche sur les bords du précipice, appuyé sur un roseau fragile dont la chute va l'entraîner avec lui dans l'abîme!

Il n'en est pas ainsi du sage, que sa raison élève au-dessus des préventions de la chair et des sens; particulièrement de l'âme chrétienne qu'éclaire une raison supérieure à toutes celles de la terre. Elle envisage la mort avec calme, sans *la désirer ni la craindre*, les yeux élevés vers les montagnes saintes, d'où nous attendons le secours nécessaire à la faiblesse de notre nature[3]. Elle

---

[1] I. Reg. XV, 31.
[2] Ps. CXV, 5.
[3] Levavi oculos meos in montes, unde veniet auxilium mihi. Ps. CXXI, I.

l'acceptera sans murmure, comme le sacrifice qui s'offre le soir au Seigneur [4], et qui couronne une vie consacrée tout entière à la pratique des vertus qu'il commande, soumise pleinement aux décrets de la divine Providence, quelque rigoureux qu'ils nous paraissent. Son oreille est toujours ouverte à ces *réponses* [5] de mort qui viennent de toutes parts retentir autour de chacun de nous, pour nous dénoncer à tous l'arrêt fatal commun à toute la race humaine : *Souviens-toi, ô homme, que tu es poussière, et que tu retourneras en poussière* [6].

Qui aspire à la couronne, redoute peu le combat. « Le juste, fût-il envahi par la mort avant le
« temps [7], se repose sur l'assurance qu'il a un
« Père dans le ciel, un Sauveur sur la terre. Le
« juste, nous dit l'Esprit Saint, fleurira comme
« le palmier étendant au loin ses rameaux pleins
« de vie et de substance [8]. On le verra s'élever
« et s'agrandir comme les cèdres du Liban ; le
« Seigneur le comblera de jours et de prospérités.
« Il a commandé à ses Anges de le couvrir de

---

[4] Sacrificium vespertinum. Ps. CXI, 2.
[5] Responsum mortis. II. Cor. I, 9.
[6] Genes. III, 19.
[7] Justus, si morte præoccupatus fuerit, in refrigerio erit. Job, V, 7.
[8] Ps. XCI, 13. — XC, 11.

« leurs ailes, d'écarter de lui les complots homi-
« cides et les dangers. » Quand il plaira au Seigneur de l'appeler à lui, il répondra : *Me voici,
Seigneur! tout est prêt, mon cœur et la maison
de mon éternité*[9]; et il descendra d'un pas ferme
dans le tombeau qu'il s'est préparé à lui-même,
comme un conquérant va s'asseoir sur son trône.
Ah! puisqu'il est une loi suprême qui pèse sur
tous les fils d'Adam, puissent du moins les années de notre Monarque égaler la durée de plusieurs générations [10]! Puissent les augustes époux
que *la mort même n'aura pu séparer*[11], se voir réunis à jamais au sein des tabernacles célestes!
Puissent enfin les enfants de leurs enfants, rassemblés à l'entour de leur table *comme de jeunes
plants d'olivier*, faire longtemps retentir au milieu de nous les chants du bonheur, en s'écriant :
« Voilà comme le Seigneur a béni l'homme qui
« le craint..., et qui *n'a pas d'autre crainte*. »

[9] Paratum cor meum. — Ibit homo in domum æternitatis suæ.
Ps. CVII, 1. — Eccli. XII, 5.

[10] Dies super dies regis adjicies, annos ejus usque in diem generationis et generationis. Ps. LX, 7.

[11] Filii tui sicut novellæ olivarum, in circuitu mensæ tuæ. Ecce
sic benedicetur homo qui timet Dominum. Ps. CXXVIII, 4, 5.

XVI.

Mais est-il un bonheur durable dans cette vallée de larmes où nous sommes jetés pour un moment? — Quelle déplorable expérience eux-mêmes n'ont-ils pas faite naguère de la fragilité de nos espérances terrestres! Heureux époux! ils semblaient être parvenus au comble des prospérités humaines : quand tout à coup le vent de la mort est venu souffler au sein de ces royales habitations, où ils recueillaient les hommages de la vénération et de la reconnaissance, conquis par tant de vertus et de bienfaits. Et quelles victimes s'est-elle choisies! N'a-t-elle frappé qu'une seule famille? — A cette question, la France tout entière a répondu par ses sanglots et ses gémissements.

Vous dont la disparition subite a plongé tous les cœurs dans la consternation; vous, si jeunes encore, signalés par tous les dons de la nature et de la grâce! comment expliquer ce tourbillon dévastateur venu dévorer en un moment un si brillant avenir? « Les peuples témoins de ces ca-

« lamités n'en comprennent point le secret; il
« ne leur vient point dans la pensée que la grâce
« de Dieu et sa miséricorde sont sur ses Saints, et
« ses regards de prédilection sur ses Élus [1]. S'ils
« ont peu vécu, ils n'en ont pas moins rempli la
« course d'une longue vie [2]. »

Lecteurs religieux, qui aimez à recueillir dans vos souvenirs les noms chers à la patrie et à la religion, vous ne sortirez point de ce séjour de deuil, où nous n'avons pour nous distraire de nos douleurs que d'autres sujets d'affliction, sans payer au pied de leurs tombes un juste tribut de regrets et de vénération au pieux duc de Penthièvre et à sa digne fille la duchesse d'Orléans, les premiers fondateurs de cette royale basilique; et vous redirez, avec le Roi prophète, ces consolantes paroles : « Heureux celui qui sert
« fidèlement le Seigneur! Sa postérité sera puis-
« sante et nombreuse sur la terre; les richesses
« et toute sorte de biens abonderont dans sa mai-
« son, et sa justice subsistera éternellement [3]. »

---

[1] Populi autem videntes et non intelligentes quoniam gratia Dei et misericordia est in Sanctis ejus, et respectus in Electos illius. Sap. IV, 14.
[2] Consummatus in brevi explevit tempora multa. Ibid, 13.
[3] Ps. CXI, 1-3.

XVII.

Dieu n'avait pas fait la mort[1]; l'Esprit Saint lui-même nous l'atteste. « Dieu, en créant l'homme, « l'avait fait immortel, comme étant une image « qui devait ressembler à son divin Auteur. C'est « le péché qui l'a fait entrer dans le monde[2]. »

La mort est donc un châtiment infligé par la justice divine à toute l'espèce humaine. La postérité d'Adam fut condamnée à expier le crime de son premier père.

Quand l'autorité des saintes Écritures ne nous le dirait pas, ce que nous avons sous les yeux ne nous suffit-il pas pour nous l'apprendre? Le chef-d'œuvre de la création, l'homme créé à l'image de Dieu, réduit à cet état de dégradation! Jugez du délit par la sévérité de la punition. Oh! qui ne tremblerait à la seule pensée des redoutables

---

[1] Deus mortem non fecit. Sap. I, 13.
[2] Deus fecit hominem inexterminabilem, et ad imaginem similitudinis suæ fecit illum. Invidia autem diaboli mors introivit in orbem terrarum. Sap. II, 23, 24. Jacob, epist. cathol. I, 15.

jugements de Dieu? « Les arrêts de sa justice, « disent ses prophètes, sont impénétrables; abîme « sans fond, qu'il n'est pas donné à l'homme de « sonder. Elle s'élève par-dessus les montagnes, « par-dessus toutes les intelligences[3]. » Vainement vous lui cherchez des objets de comparaison : malheur à qui prétendrait mettre des bornes à la justice de Dieu ! Les plus grands Saints eux-mêmes en restent glacés d'épouvante; ils osent à peine lever les yeux vers cette Majesté qui a trouvé des taches jusque dans ses Anges[4].

Mais si les tombeaux nous révèlent avec tant d'éloquence les terribles effets du courroux céleste, nos Livres saints nous racontent avec une égale autorité les prodiges de la miséricorde divine.

Un sacrifice immense était nécessaire à la réparation du genre humain; il s'est accompli. Il le fallait pour satisfaire à la justice du ciel; pour justifier les prophéties qui, de siècle en siècle, le promettaient à l'univers. Encore, au moment même de l'exécution, en présence de la victime auguste qui s'offrait à l'immolation, le juge inique qui prononça l'arrêt de l'innocent Jésus,

---

[3] Justitia tua super montes.—Justitia tua super cœlos.—Justitia tua sicut gurges. Ps. XXXV, 7. Ps. CXVIII, 160. Isa. XXXVIII, 17.

[4] In Angelis suis reperit pravitatem. Job. IV, 15.

Caïphe, grand prêtre, parlant au nom de la synagogue entière, déclarait que « Jésus-Christ de-
« vait mourir pour tout le peuple, et non-seule-
« ment pour la nation juive, mais pour rassem-
« bler et réunir en un seul corps les enfants de
« Dieu, dispersés sur tout l'univers [5]. »

Prodige de miséricorde de la part de Dieu, qui a *tellement aimé le monde*, dit l'évangéliste bien-aimé, *qu'il a donné son Fils unique, afin que tout homme qui croit en lui ne périsse point, mais qu'il ait la vie éternelle* [6] ; prodige de miséricorde de la part du Fils, qui a consenti à se dévouer à la mort pour le salut de tous, « afin que
« tous étant morts en Adam, tous pussent re-
« vivre en Jésus-Christ [7]. » Grâce aux mérites infi-
« nis du sacrifice propitiatoire, nous ne sommes
« plus enfants de colère ; nous sommes devenus
« les enfants adoptifs de Dieu par Jésus-Christ,
« dans lequel nous trouvons la rédemption par

---

[5] Expedit vobis ut unus moriatur pro populo, et non tantum pro gente, sed ut filios Dei qui erant dispersi congregaret in unum. Joan. XI, 50, 51.

[6] Sic enim Deus dilexit mundum, ut Filium suum daret, ut omnis qui credit in eum, non pereat, sed habeat vitam æternam. Joan. III, 16.

[7] Quoniam si unus pro omnibus mortuus est, ergo omnes mortui sunt ; et sicut in Adam omnes moriuntur, et in Christo omnes vivificabuntur. I. Cor. V, 14 ; I. Cor. XV, 22.

« son sang et la rémission des péchés [8]. » La mort a triomphé de la mort; la croix de Jésus-Christ a été l'ancre de salut jetée dans le monde au moment même du naufrage, le gage de la réconciliation de Dieu avec les hommes, et le sceau d'une alliance éternelle entre le ciel et la terre.

[8] Eramus natura filii iræ. Benedictus Deus qui prædestinavit nos in adoptionem filiorum, per Jesum Christum, in quo habemus redemptionem per sanguinem ejus, remissionem peccatorum secundùm divitias gratiæ suæ. Ephes. I, 5. II, 3.

XVIII.

Que rendrai-je au Seigneur pour un aussi magnifique bienfait? Par quels transports lui exprimer ma reconnaissance? — J'essayerai du moins de suppléer à l'impuissance de mon propre langage, en empruntant les paroles du Roi prophète : « O mon âme! bénissez le Seigneur, et
« que tout ce qui est en moi bénisse son saint
« nom! C'est lui qui vous pardonne toutes vos
« iniquités, lui qui vous guérit de toutes vos lan-
« gueurs et de toutes vos faiblesses, lui qui vous
« a retiré de l'abîme où vous étiez, lui qui sou-
« tient et renouvelle votre jeunesse comme celle
« de l'aigle! Il est le Dieu riche en miséricorde,
« plein de clémence; il est lent à se mettre en
« colère, et ne sera pas toujours irrité contre
« nous. Père rempli de tendresse et de compas-
« sion pour ses enfants, le Seigneur est plein de
« miséricorde pour ceux qui le craignent[1]. »

Mais comment un pareil langage peut-il sortir de la même bouche que vous avez entendue vingt fois exhaler les gémissements de la douleur? N'est-ce pas le même qui s'écriait naguère : « De

---

[1] Ps. CII, 1 et suiv. CXVII.

« quelles plaies, ô mon Dieu! vous avez frappé
« votre serviteur! Tous les traits du courroux cé-
« leste se sont appesantis sur ma tête avec l'im-
« pétuosisé d'un torrent qui vient fondre du haut
« des montagnes. Mes tristes journées se consu-
« ment dans les larmes et dans la solitude. Vaine-
« ment je cherche autour de moi mes amis et mes
« proches les plus chers, ceux-là à qui j'étais en-
« core le plus nécessaire : ils ont disparu, me
« laissant dans le monde comme dans un tom-
« beau désert, semblable désormais à l'oiseau de
« nuit qui ne se plaît qu'aux ténèbres, ou au ti-
« mide passereau blessé par la flèche du chas-
« seur, et qui s'est pu traîner encore jusqu'à l'obs-
« cure retraite où il attend la fin de ses tour-
« ments. Le soleil a fui ma paupière; je sens ma
« vie s'évanouir comme la fumée qui s'évapore
« dans l'air, sans laisser de traces, mes os se des-
« sécher comme un foyer où le feu brûle sans
« cesse, mon cœur se flétrir comme l'herbe
« exposée aux ardeurs du soleil, et mon existence
« tout entière brisée comme un vase morcelé.
« Dans le découragement de mes pensées, je me
« suis dit : C'en est fait, le Seigneur a détourné
« de moi son visage; il m'accable de sa colère[2]. »

[2] Ps. VI, XXX, XXXVI, L., LXXXV, LXXXVI, CXIV, CXXXVII, CXLIV, CL, CII.

—Et voilà qu'au moment même où ces cris plaintifs échappaient de mes lèvres, au même moment où les angoisses de la mort m'assiégeaient, où j'étais déjà enveloppé des filets du tombeau : le Seigneur prêtait l'oreille aux cris de ma douleur; il exauçait ma prière du haut de son saint temple [3].— Le Seigneur n'est donc pas insensible aux gémissements qui l'invoquent; il ne repousse pas l'humble repentir qui lui fait l'aveu de ses misères. « J'ai dit : Je confesserai contre moi-« même mes offenses au Seigneur; et vous m'avez « aussitôt pardonné mon iniquité [4]. »

Laissez-moi donc, ô mon Dieu, vous implorer, non-seulement pour moi, mais pour les autres moi-même que *j'aimais comme ma propre vie* [5] ! Combien, hélas! de prévarications contre votre sainte loi! combien d'iniquités commises au grand jour ou dans le secret, par ignorance ou par fragilité, dont votre justice tient un compte rigoureux! — Pécheurs, nous vous implorons pour d'autres pécheurs, mais lavés comme nous dans *le sang qui a effacé les péchés du monde* [6].

---

3 Ps. LXXXVI, XVII, LXXV, XXXI.

4 Dixi : Confitebor adversum me injustitiam meam Domino; et tu remisisti impietatem peccati mei. Ps. XXXI, 5.

5 Dilexit eum quasi animam suam. I. Reg. XVIII, 1.

6 Joan. I, 19. — I. Epist. II, 2.

XIX.

Il est des âmes sur qui l'impression des châtiments exercés par les vengeances célestes contre la postérité d'Adam, se fait sentir avec une énergie qui les emporte au delà des bornes. Ames tendres et délicates, dominées tout entières par la terreur des jugements de Dieu, elles ne voient en lui qu'un Juge sévère, armé de foudres implacables. Elles oublient que si *la crainte du Seigneur est le commencement de la sagesse*, elle n'en est pas la perfection; que si le salut *ne s'opère qu'avec crainte et tremblement*[1] dans la vue de nos faiblesses, Jésus-Christ n'a pas établi en vain des sacrements qui nous soutiennent et nous fortifient; que ce n'est pas moins un oracle de la vérité éternelle, que la *charité est la fin des commandements*, qu'elle *couvre la multitude des péchés*[2]; que sans elle la crainte est stérile et peut-être dangereuse, parce qu'elle jette dans la défiance et le désespoir, tandis que la parfaite

---

[1] Ps. CX, 10. — Phil. II, 12. — Tob. IV, 21; XII, 9.
[2] Finis autem præcepti est caritas. I. Tim. I, 5.

charité, telle qu'elle nous est recommandée, est « tout amour; qu'enfin nous n'avons point reçu « l'esprit de servitude pour nous conduire par la « crainte, mais l'esprit de l'adoption des enfants, « par lequel nous invoquons Dieu à titre de « père [3].

O vous donc, âmes timorées, qui avez peine à supporter, tant pour vous-mêmes que pour ceux qui vous sont chers, l'aspect des jugements du Seigneur; vous qui toutefois, au sein même de vos découragements, aimez tant à l'appeler du nom de *notre Père qui est dans le ciel* [4]; âmes bien-aimées, qu'il se plaît à éprouver par la tribulation, prêtez l'oreille, car c'est à vous que s'adressent plus particulièrement ces paroles émanées de sa bouche sacrée: *Venez à moi, ô vous tous qui êtes sous le poids du travail et de l'affliction, et je vous soulagerai* [5]. Rassurées par une aussi tendre invitation, hésiteriez-vous à vous abandonner à sa conduite? Jésus-Christ, fils de Dieu, assis à la droite de Dieu son Père, et, comme lui, plus *élevé que les cieux* [6], a-t-il moins de vertu que Jésus-Christ fils de l'Homme, associé à toutes nos faiblesses, et n'ayant voulu les

[3] I. Joan. IV, 7. Rom. VIII, 15. Ps. CII, 13.
[4] Matth. IV, 9.
[5] Matth. XI, 28.
[6] Hebr. VIII, 1. X, 12.

partager que pour les guérir? « Durant tout le
« temps de sa vie mortelle et souffrante, offrant
« avec cris et avec larmes ses supplications au
« Seigneur, qui l'a exaucé à cause de sa parfaite
« soumission à la volonté de Dieu son Père [7], »
et jusque dans les abaissements de sa nature
humaine, manifestant avec éclat, dans sa personne divine, le Maître souverain de l'univers,
à qui la mer et les vents obéissent [8]; le Pasteur
compatissant à qui nulle de ses brebis n'est indifférente [9]; en quelque sorte plus jaloux de faire
reconnaître sa miséricorde par ses bienfaits, que
sa toute-puissance par ses miracles.

[7] Ibid, V, 7.
[8] Matth. VIII, 27.
[9] Matth. X, 6. Joan. X, 16.

XX.

Qu'est-ce que la miséricorde, sinon le sentiment profond de compassion qui s'émeut et s'attriste à l'aspect d'une infortune étrangère, *pleure avec celui qui pleure*[1], s'unit à la bienfaisance pour soulager la misère d'autrui, lui tendre une main secourable, *verser l'huile et le vin* sur les blessures du Samaritain[2], et jouit avec délices du bien qu'il a pu lui procurer? Sentiment que tous nous apportons en naissant, et qui ne meurt qu'avec nous. Lié à tous les éléments de notre être, c'est lui qui a fondé chez tous les peuples le culte des Morts, a institué dans tous les temps ces fêtes commémoratives, pieuses et lugubres cérémonies où la tendresse filiale, l'amitié, la reconnaissance venaient déposer sur les tombeaux des couronnes humectées de leurs larmes, et rassemblaient la portion de la famille encore vivante à la partie qui avait vécu. Le cœur, la cons-

---

[1] Rom. XII, 15.
[2] Luc. X, 32.

cience, le sentiment, furent les premiers livres où l'homme apprit à lire ce code consacré par la double sanction de la nature et de la religion. « Seigneur, avec la vie vous m'avez donné la miséricorde[3], » a dit le sublime Élégiaque de nos Livres saints. Ah! quand on voudrait que la religion ne fût pas un sentiment naturel à l'homme, la nature ne suffirait-elle pas pour attacher les sociétés humaines à ce devoir d'honorer les Morts? La religion nous apprend à les respecter, la nature à les chérir. La nature, en retraçant à notre imagination la longue et douloureuse agonie qui a précédé le trépas, nous met d'avance à leur place; et, par pitié pour nous-mêmes, nous pénètre d'une affectueuse commisération pour nos frères. La nature, en nous unissant aux Morts par les regrets du passé et par la prévoyance de l'avenir, établit entre les générations diverses la plus touchante harmonie. On leur décerne de magnifiques tombeaux; on épuise en leur honneur les trésors de l'opulence et les richesses du génie. S'occuper de ce qu'on a perdu, c'est en jouir encore. On aime à aller rêver près de lui comme s'il existait encore, comme s'il allait nous parler et nous répondre; on l'entoure de vœux et d'offrandes : *Sit tibi terra levis*, que cette terre te soit légère!

---

[3] Vitam et misericordiam tribuisti mihi. Job, X, 11.

s'écriaient le Grec et le Romain, au moment des funérailles. Voyez les Canadiens pleurant sur le tombeau de leur fils : au pied du monument simple, agreste, sont déposés l'arc et les flèches du Sauvage prosterné à terre; l'œil fixe, immobile dans sa muette douleur, il s'appuie sur le berceau funèbre : « Jeune enfant, réveille-toi, viens « recevoir quelques gouttes de ce lait que ta mère « distille de ses mamelles sur le gazon où tu repo- « ses, et souris encore à la tendresse maternelle. » Voilà le cri de la nature. Et tout ce qu'elle peut faire de plus sert moins au soulagement des Morts qu'à la consolation des Vivants. La religion ne s'arrête pas à cette dépouille insensible ; elle perce la froide poussière qui la couvre, consacre la dernière demeure, la revêt de la puissante armure qui a triomphé des enfers, et flétrit de ses anathèmes la sacrilége impiété qui trouble le repos des Morts. Ce n'est pas tout : par la céleste communication des prières, elle établit entre les Morts et les Vivants une chaîne de secours qui, des profondeurs du sépulcre traversant cette terre d'exil, s'élève dans les cieux, et va s'attacher au trône même de la Divinité. — Cette pierre sépulcrale, sous laquelle gît l'héritier des promesses immortelles, je la vois, comme au jour de la résurrection du Sauveur, qui se soulève et s'entr'ouvre pour laisser un libre passage à l'âme victorieuse de la mort et des enfers, rompant ses nouveaux liens, et s'élançant dans les régions du bonheur. Voilà l'œuvre de la religion, et la sublime espérance qu'elle donne à ses enfants. *Heureux*, nous dit Jésus-Christ, *les miséricordieux, parce qu'ils obtiendront eux-mêmes miséricorde* [4].

[4] Beati misericordes, quoniam ipsi misericordiam consequentur. Matth. V, 7.

XXI.

Si telle est la vertu de la miséricorde dans ses écoulements, que ne doit-elle pas être à sa source, dans Dieu qui en est le principe et la plénitude? De tous ses attributs, celui qui semble lui être le plus cher, le plus essentiel, c'est sa miséricorde. C'est lui-même qui nous l'atteste dans ses divines Écritures. Pas un des Psaumes de David qui ne soit un hymne d'amour et de reconnaissance. Produisons-en quelques témoignages.

« La bonté et la miséricorde vous appartien-
« nent, ô Seigneur! c'est là l'apanage qui vous
« est propre, le premier de vos attributs. Dans
« vous et dans vous seul en est la source et la
« perfection. Le Seigneur est plein de miséri-
« corde ; il est inépuisable en bontés. Quelle in-
« telligence pourrait sonder cet abîme sans fond?
« La miséricorde du Seigneur, elle surpasse tout
« ce que l'on peut en dire; elle n'est pas bornée
« à la durée des siècles, ni à quelques habitants
« de la terre; elle est éternelle, elle embrasse

« l'universalité des siècles et des générations hu-
« maines[1]. »

Enfants des hommes, parcourez les annales du monde, jetez les yeux autour de vous : c'est aux œuvres seules de la miséricorde qu'il est donné d'en raconter les merveilles [2]. Si je m'élève dans les cieux, sa miséricorde est encore *plus élevée que les cieux;* si je descends dans les enfers, j'y vois tous les genoux *fléchir au nom du Dieu des miséricordes*[3].

Le Dieu d'Abraham, d'Israël et de Jacob, le Dieu de Moïse et de David, a-t-il plus fait pour être appelé le Dieu des miséricordes que le tout-puissant Médiateur du Nouveau Testament, qui a réuni par son sang les deux alliances, et réconcilié le ciel et la terre [4] ?

Ouvrez son Évangile : Pas une page de ce divin livre qui ne nous raconte un prodige de sa miséricorde : « Jésus allait de tous côtés dans les

---

[1] Ps. XXX, 5. — L. — LVIII. — LXI, 13. — LXXXV, 15, 16. — LXXXVIII, 2. — CII, 8. — CXXXV, etc., etc.

[2] Quis adjiciet enarrare misericordiam ejus? Eccli. XVIII, 4. — Confiteantur Domino misericordiæ ejus; et mirabilia ejus filiis hominum. Ps. CVI, 8.

[3] In nomine Jesu omne genu flectatur cœlestium, terrestrium et infernorum. Phil. II, 10.

[4] Per redemptionem quæ est in Christo Jesu, quem proposuit Deus propitiationem in sanguine ipsius. Rom. VI, 24, 25.

« villes et les campagnes, enseignant dans les
« synagogues, guérissant toutes les langueurs et
« toutes les maladies. Et voyant tous ces peuples, il
« en eut compassion, parce qu'ils étaient acca-
« blés de maux, et couchés çà et là comme des
« brebis sans pasteur [5]. »

Il donne à ces malades plus qu'ils n'oseraient
espérer : « Afin que vous sachiez que le Fils de
« l'Homme a le pouvoir sur la terre de remettre
« les péchés, levez-vous, dit-il au paralytique,
« emportez votre lit, et vous en allez à votre mai-
« son [6]. » Que l'on accoure jusque dans le désert
pour l'entendre : « J'ai compassion de ce peu-
« ple qui me suit depuis trois jours [7]. » Et le
miracle, plusieurs fois répété, de la multiplication
des pains, fait reconnaître en lui le Maître de la
nature [8].

Il fait plus que de rassasier les vivants, d'ouvrir à la femme de Samarie une source d'eau
vive rejaillissant au ciel [9], il ressuscite les morts.
Qu'on lui présente la femme adultère : « Que
« celui de vous qui est sans péché lui jette la
« première pierre. » — Que les Pharisiens murmu-

---

[5] Matth. IX, 36, 37.
[6] Matth. IX, 6 ; Marc. II, 4.
[7] Matth. XV, 22.
[8] Luc. IX, 7.
[9] Joan. IV, 14.

rent de voir une femme de mauvaise vie répandre sur ses pieds ses larmes et son parfum, Jésus se contentera de dire à cette femme : « Votre foi « vous a sauvée, allez en paix [10]. »

Il n'attend pas que le Prodigue se retrouve dans la maison paternelle, que la brebis égarée soit revenue au bercail ; il court au-devant, et célèbre leur retour par des chants d'allégresse [11]. Oh ! qu'il fait bien reconnaître dans sa personne celui dont ses prophètes avaient dit qu'il ne foulerait pas sous ses pieds le roseau à demi brisé, et le lumignon qui fume encore [12] ! — A qui donc pourrait-il être permis de désespérer de la miséricorde de Jésus-Christ ? Pas même au larron souillé de crimes, à qui il fut dit : *Aujourd'hui tu seras avec moi dans le paradis* [13]. Pas même au perfide apôtre qui vendit le Fils de l'Homme à ses bourreaux, puisqu'il pouvait obtenir grâce s'il l'eût voulu. Pas même au peuple déicide, puisque Jésus-Christ en mourant suppliait Dieu son Père de lui pardonner [14].

Autant donc serait dangereuse au salut une sécurité présomptueuse, qui se jette en aveugle

---

[10] Joan. VIII, 7. — Luc. VII, 37.
[11] Luc. XV, 4, 5.
[12] Isa. XLI, 3.
[13] Luc. XXII, 43.
[14] Luc. XXIII, 34.

à travers les ténèbres de l'avenir, autant devons-nous éviter une défiance désespérante, qui méconnaîtrait le bienfait de la divine rédemption. Non, sans doute, vous n'entendrez pas sans effroi ces oracles de la Vérité éternelle : « Que *la voie qui mène au ciel est étroite, et qu'il y a beaucoup d'appelés, mais peu d'élus ; qu'il faut se renoncer à soi-même* [15]. » Mais n'allez pas oublier non plus ce que Jésus-Christ a souffert pour expier vos iniquités. Pensez au Publicain se frappant la poitrine, et sortant du Temple justifié [16] ; à la promesse du royaume du ciel, en échange d'un verre d'eau donné au nom de Jésus-Christ. *In te, Domine, speravi ; non confundar in æternum :* Seigneur ! j'ai espéré en vous, je ne serai jamais confondu [17].

[15] Matth. VII, 14. — XXII, 14. — XVI, 24.
[16] Luc. XVIII, 10. — Matth. VIII, 13. X, 42.
[17] Ps. XXX, 2.

XXII.

La miséricorde chez l'homme est toujours suspecte d'imperfection. Elle est rarement dégagée de tout sentiment humain : il s'y mêle de l'égoïsme ou de l'ostentation. On fait l'aumône pour se soustraire aux instances du pauvre ; on compatit à la souffrance, parce que l'aspect en est importun ; et la miséricorde est plus souvent un calcul qu'une vertu. Ajoutez que la miséricorde de l'homme, capricieuse, subordonnée à ses facultés propres et à ses préventions, est toujours resserrée dans un cercle étroit, toujours impuissante et timide, laissant derrière soi bien plus d'infortunés qu'elle n'en peut soulager[1].

Il n'en est pas ainsi de la miséricorde de Dieu. Elle est sans bornes, sans restriction, sans intérêt. *J'ai dit au Seigneur : Vous êtes mon Dieu,*

---

[1] Miseratio hominis circa proximum suum : misericordia autem Domini super omnem carnem. Eccli. XVIII, 14.

parce que vous n'avez nul besoin de mes biens [2]. Je posséderais tous les trésors de la terre, que je ne pourrais rien ajouter à votre félicité. Vous seul possédez tous les biens, et il n'y en a pas hors de vous. C'est de votre main inépuisable qu'ils se répandent sur toutes vos créatures [3]. Quand vous recevez, c'est pour rendre au centuple ; non par besoin, mais par bonté ; également incapable et de vous enrichir de ce qui vous est offert, et de vous appauvrir de ce que l'on vous refuse. Eh ! que vous reviendrait-il, Seigneur, de ce que vous daignez accepter des hommages et des dons de notre faible reconnaissance ? Quel intérêt aviez-vous de créer ce monde avec toutes ses magnificences, quand de toute éternité vous aviez sous les yeux l'immense théâtre de ses crimes et de ses calamités ? si ce n'était dans la vue de le remplacer un jour par *une nouvelle terre* et de *nouveaux cieux* [4], en le régénérant dès le temps par le sang de votre divin Fils, et dans l'éternité par les splendeurs des Saints et les béatitudes de votre royaume immortel [5], *afin que tout homme qui*

---

[2] Dixi Domino : Deus meus es tu, quoniam bonorum meorum non eges. Ps. XV, 2.

[3] Aperis tu manum tuam, et imples omne animal benedictione. Ps. CXI, 10, 16.

[4] I. Petr. III, 13.

[5] Ps. CIX, 3. — Sap. III, 7. — Matth. XII, 43.

croit en lui ne périsse point, mais qu'il ait la vie éternelle[6]. Miséricorde sans bornes, elle embrasse et tous les lieux et toutes les générations. « Ce sont vos mains qui m'ont formé et me sou-« tiennent, » ô Dieu Créateur et Providence universelle : « dédaigneriez-vous les œuvres de vos « mains[7] ? » Vous qui me commandez d'exercer la miséricorde envers les autres, à l'exemple du Très-Haut, qui est plein de miséricorde envers tous, même ingrats et méchants ; vous qui nous permettez de vous appeler notre Père, qui êtes au ciel, abandonnerez-vous ceux de vos enfants qui gémissent dans la captivité? Pour être malheureux, ont-ils cessé d'être vos enfants? Vous nous le promettez, ô mon Dieu, par tous les oracles de vos saintes Écritures : « Quand même le « Seigneur m'ôterait la vie, je ne laisserais pas « d'espérer en lui, il serait toujours mon Sau-« veur[8]. »

Tous les symboles, toutes les images par lesquelles sa miséricorde s'est manifestée aux hommes, Dieu lui-même les a rassemblés dans ce seul

---

[6] Joan. III, 16.

[7] Manus tuæ plasmaverunt me; opera manuum tuarum ne despicias. Ps. CXXXVII, 9.

[8] Etiam si occiderit me, in ipso speravi, et ipse erit Salvator meus. Job, XIII, 15, 16.

mot proclamé par son Apôtre bien-aimé : *Dieu est charité*[9]. O nom sous lequel il n'est permis à personne de désespérer ! *Dieu est charité*. Parole sacrée, et tombée du ciel ! qu'elle demeure à jamais gravée dans nos cœurs et sur les frontispices de nos temples ; qu'elle épure et sanctifie toutes les prières que nous adressons au ciel, tant pour nous que pour nos parents et nos amis, retenus dans les liens de la captivité ! Elle est pour tous, tant que nous sommes, l'ancre de salut, le flambeau qui précède nos pas dans l'obscurité où nous marchons [10], l'armure qui repousse les défiances pusillanimes aussi bien que les téméraires présomptions. *Dieu est charité :* qui obéit à ses commandements, celui-là est vraiment enfant de Dieu, et Dieu veut en être appelé son Père, non-seulement de nom, mais d'effet. Encore n'est-ce pas assez pour lui de l'affection d'un père à l'égard de ses enfants, c'est une mère [11]. Et quelle mère sait l'être comme lui, qui nous a nourris, non pas de son lait, mais de son sang ?

[9] Deus est charitas. Joan. IV, 8.
[10] Lucerna pedibus meis. Ps. CXVIII, 105. — Clypeus est sperantibus in se. Prov. XXX, 5.
[11] Isa. XLIX, 15.

XXIII.

Seigneur! mon Dieu! du profond abîme où je suis plongé, mes cris s'élèvent jusqu'à vous : *De profundis clamavi ad te, Domine.* Daignez, Seigneur, écouter favorablement ma prière : *Domine, exaudi orationem meam.* Cendre et poussière[1], j'ose prêter ma voix aux accents plaintifs de ces Morts de la maison d'Israël[2]. N'est-ce pas toujours pour vous le peuple choisi, à qui vous avez prodigué vos bienfaits? Nous vous prions pour eux, nous vous prions pour nous-mêmes : *Fiant aures tuæ intendentes in vocem deprecationis meæ.* Accablés sous le poids de nos iniquités, et plus défigurés par la lèpre du péché que ces Morts par les ravages de la corruption[3], nous implorons pour tous votre infinie bonté. Si vous

---

[1] Genes. XVII, 17.
[2] Omnia ossa dicent... Domine, omnipotens Deus Israel : audi nunc orationem mortuorum Israel. Ps. XXXIV, 10. Baruch, III, 4.
[3] Putruerunt et corruptæ sunt cicatrices meæ a facie insipientiæ meæ. Ps. XXXVII, 6.

ne considérez, ô mon Dieu, que nos infidélités et nos prévarications, est-il, parmi les Vivants et les Morts, un seul qui pût trouver grâce à vos yeux : *Si iniquitates observaveris, Domine, Domine, quis sustinebit ?* Mais autrefois Moïse et Jérémie intercédèrent pour le coupable Israël, et ils furent exaucés [4]. Écoutez la voix de tous ces ossements, qui, du fond de leurs tombeaux, vous demandent de rompre les liens de leur captivité, comme nous vous demandons pour nous-mêmes de rompre les liens du péché. Faites jaillir, sur eux et sur nous, quelques gouttes du sang propitiateur qui a lavé les péchés du monde! *Quia apud te propitiatio est, et propter legem tuam sustinui te, Domine.* Je tremble, Seigneur! mais j'espère. Je redoute votre Majesté sainte ; mais vous nous l'avez dit par la bouche de vos saints Prophètes : Le Seigneur ne sera pas toujours irrité contre nous, et ne nous fera pas toujours sentir les effets de sa colère [5]. J'attends donc avec confiance votre miséricorde, et je ne cesserai de soupirer après l'accomplissement de vos promesses : *Sustinuit anima mea in verbo ejus, speravit anima mea in Domino.* Le ciel et la terre

---

[4] Exod. XXXII, 2. — Baruch, III, 4.
[5] Non in perpetuum irascetur, neque in æternum comminabitur. Ps. CII, 9. — Neque usque ad finem irascetur. Isa. LVII, 16.

passeront, mais non la parole écrite par vous-même au livre de vie. « La miséricorde est es- « sentielle au Seigneur, elle est pleine de trésors « inépuisables pour nous racheter : » *Quia apud Dominum misericordia et copiosa apud eum redemptio.*

XXIV.

La sentence de mort portée contre l'homme coupable n'avait point d'action contre son âme, rayon de la divine Essence, impérissable comme son principe. « Que la poussière rentre en la « terre d'où elle avait été tirée, et que l'esprit re- « tourne à Dieu, qui l'avait donné [1]. »

L'exécutrice implacable des jugements du Seigneur, la mort, a fait le partage. N'est-il pas dans l'ordre que cette *chair de péché*, comme l'Apôtre l'appelle [2], qui fut rebelle à la volonté de son Créateur, et entraîna dans ses prévarications l'âme qui lui avait été donnée, subisse son châtiment, et qu'elle soit purifiée pour être transformée dans une meilleure substance? Cette semence que vous jetez en terre pour y attendre les germes de sa fécondité, ne faut-il pas qu'elle y meure pour y reprendre la vie [3]? Il en est de même de

---

[1] Revertatur pulvis in terram suam, et spiritus redeat ad Deum, qui dedit illum. Eccle. XII, 7.

[2] Rom. VIII, 3.

[3] Tu quod seminas non vivificatur nisi prius moriatur. I. Cor. XV, 36.

ce corps que la tombe a reçu dégradé par les mains de la mort, immobile, et bientôt sans nom parmi les hommes : un jour viendra où il se relèvera désormais incorruptible, régénéré au sein de la jeunesse et de la gloire [4]. Laissez donc aller au champ du repos cette chair abattue par son dernier combat. Rassurez-vous, elle n'y restera pas éternellement; et déjà sa compagne est entrée en possession de ses destinées ; elle a pris son essor vers le ciel, où elle apparaît en présence du Dieu qui la fit à son image.

Le Seigneur, en nous appelant à lui, ne fait donc que détruire la barrière qui nous en séparait. Il ne nous enlève pas à la vie, il nous en donne une autre; il abat cette maison de boue, pour nous introduire dans ses propres tabernacles, en nous revêtant d'un vêtement d'immortalité. La mort n'est que le passage à cette glorieuse transformation. Le captif dont on a brisé la chaîne murmure-t-il contre la main qui l'a rendu à la liberté? Le tombeau est un pont jeté de la rive du temps à la rive de l'éternité.

[4] Seminatur in ignobilitate : surget in gloria. Ibid. 43.

XXV.

L'Apôtre des nations avait à combattre à la fois et ceux de son temps qui avaient peine à se rendre à la croyance de la résurrection, et les Fidèles que la perte d'objets chéris jetait dans une affliction immodérée. Il oppose aux premiers l'argument invincible de la résurrection du Sauveur. « Si les morts ne ressuscitent pas, ni Jésus-
« Christ non plus n'est pas ressuscité ; or, si Jé-
« sus-Christ n'est pas ressuscité, votre foi est
« vaine, notre prédication illusoire[1]. » Plus de Sauveur, plus d'expiation pour les péchés, plus d'espérance pour les Morts ni pour les Vivants. Mais avec Jésus-Christ ressuscité, nous avons le fondement inébranlable de notre foi[2]. « Et certes,
« ajoute l'Apôtre, combien d'irrécusables témoi-
« gnages de sa résurrection, au moment où elle

[1] I. Cor. XV, 13.
[2] Ibid. 18.

« s'est opérée, et encore aujourd'hui parmi les
« contemporains[3] ! »

Et de là cette sublime théologie qui nous explique tout le mystère de la résurrection. « Jésus-
« Christ, ressuscité d'entre les morts, est devenu
« les prémices de ceux qui dorment du sommeil
« de la mort. Il est mort; autrement, il ne serait
« pas ressuscité[4]. » — Il fallait, avait dit son évangéliste, que le Christ souffrît, qu'il mourût, afin d'entrer par là dans la gloire de Dieu son Père[5]. Nouvel Adam, Régénérateur de la race humaine, Jésus-Christ venait abroger par son sang l'héritage de mort que l'ancien Adam avait transmis à sa postérité; il est sorti vivant du tombeau pour nous donner la preuve et le gage de la résurrection qui nous est promise à nous-mêmes. « Comme
« tous meurent en Adam, tous revivent en Jésus-
« Christ[6]. » Fils d'Adam, nous ne cessons point d'appartenir à la mort; frères et cohéritiers de Jésus-Christ, nous appartenons à Dieu par une âme immortelle. « Comme donc nous avons porté,
« durant notre séjour sur la terre, l'image de
« l'homme terrestre, ainsi contractons-nous, en

---

[3] Ibid. 6.
[4] Luc. XXIV, 26.
[5] I. Cor. XV, 22.
[6] Ibid. 49.

« la quittant, l'image de l'homme céleste [7]. » Et, en même temps que mon âme émancipée de la prison du corps recouvrera le rayon de la divine clarté qui lui fut imprimée par les mains de Dieu, ma chair elle-même reposera en paix dans la tombe, rassurée par l'espérance de sa future résurrection [7].

[7] Insuper et caro mea requiescet in spe. Ps. XV, 9.

XXVI.

Le même raisonnement lui sert à consoler ceux des Chrétiens de tous les temps que d'amères séparations livrent à des douleurs dont l'excès n'est permis qu'à des hommes *sans espérance*. « Si nous croyons, leur dit-il, que Jésus-Christ « est ressuscité, nous devons croire aussi que « Dieu amènera avec Jésus-Christ ceux qui se « seront endormis avec lui [1]. »

Ils ne sont donc pas perdus pour nous, ces objets d'une légitime affection : ils dorment ; vous les retrouverez au réveil.

Jésus-Christ, ressuscité des morts, a tout renouvelé dans la nature. La mort a changé de nom ; elle n'est plus qu'un sommeil. « Pourquoi « pleurez-vous ? Cette fille n'est pas morte, mais « elle dort, dit-il au chef de la synagogue [2]. » Suivez-le à Béthanie, où la nouvelle de la mort de Lazare a rassemblé une foule considérable de

---

[1] Thessal. IV, 13, 14.
[2] Matth. IX, 14.

parents et d'étrangers. « Notre ami Lazare dort,
« dit-il à ses apôtres ; je m'en vais le réveiller[3]. »
Avec quelle assurance il prononce au milieu de
tout ce peuple « qu'il est la résurrection et la vie :
« Celui qui croit en moi ne mourra jamais[4] ! » —
Et aussitôt, pour attester la vérité de sa parole, ce
mort de quatre jours, en proie à la corruption,
jeté au fond d'une grotte que recouvre la pierre
du sépulcre, enchaîné de la tête aux pieds par
l'épais suaire et par les larges bandes qui le gar-
rottent, le voilà qui se lève et marche plein de
vie, docile au commandement : *Lazare, sortez
dehors*[5].

Mais pourquoi cette puissance à qui rien ne
résiste n'a-t-elle pas prévenu le funeste événement ? « Pourquoi, demandez-vous avec quel-
« ques Juifs demi-croyants, n'avoir pas empêché
« que Lazare mourût, lui qui avait ouvert les
« yeux de l'aveugle né[6], » et que d'aussi déchi-
rantes séparations fussent précédées par les tortures d'une longue agonie ? — O Marthe ! ô Marie ! famille désolée !! il vous suffit, à vous, de savoir qu'un jour viendra où votre frère ressusci-

---

[3] Joan. XI, 11.
[4] *Ego sum resurrectio et vita. Qui credit in me non moriatur in æternum.* Ibid. 25, 26.
[5] Lazare, veni foras. Ibid. 45.
[6] Ibid. 37.

tera⁷. » Que la résurrection s'accomplisse après quatre jours, ou qu'elle se fasse attendre jusqu'à la consommation des siècles, qu'importe, au moment du réveil général, que le sommeil ait duré plus ou moins de temps? « Des milliers d'années, « aux yeux du Seigneur, sont comme le jour « d'hier qui vient de passer, ou comme la durée « d'une veille de la nuit⁸. »

Vains discoureurs de la terre, comme parle Job⁹, laissons à Dieu ses décrets : il est la sagesse et la force. Que ses desseins restent cachés dans les profondeurs de sa pensée, nous savons que sa Providence veille sur tout ce qui respire¹⁰.

---

⁷ Ibid. 24.

⁸ Mille anni ante oculos tuos tanquam dies hesterna quæ præteriit, et custodia in nocte. Ps. CXXXIX, 4.

⁹ Verbosi amici mei. Consolatores onerosi omnes vos estis. Job, XVI, 2, 21.

¹⁰ Licet hæc celes in corde tuo, tamen scio quod universorum memineris. Job, X, 13.

XXVII.

Puisque la mort ne détruit pas chez les hommes les liens qui les attachaient à ceux qui leur furent chers pendant la vie, pourrions-nous croire que le Père des miséricordes délaisse au sein de la captivité et de la souffrance ceux qu'il avait tant aimés sur la terre? « Il veillait, dit son « Prophète, à la garde de chacun de leurs os [1]. » Leur dépouille mortelle serait-elle plus précieuse à ses yeux que des âmes trempées encore du sang de son Fils bien-aimé?

Nous croyons bien que la Majesté du Dieu trois fois saint n'admet dans la cité céleste rien de souillé, rien que d'innocent ou de purifié par l'expiation; mais nous savons aussi combien votre clémence, ô mon Dieu, aime à désarmer votre justice. Protecteur tout miséricordieux, jetez un regard sur votre Christ [2]. C'est en son nom

---

[1] Custodit Dominus omnia ossa eorum. Ps. XXXIII, 20.
[2] Protector noster aspice Deus, et respice in faciem Christi tui. Ps. LXXXIII, 9.

que nous vous implorons pour ces âmes peut-être souffrantes qui nous sont si chères. S'il leur faut encore des expiations, agréez celles que nous vous offrons au nom de Jésus-Christ expirant sur la croix ; qu'elles ne soient pas à jamais exclues de votre royaume : et puisqu'il nous est possible, grâce aux mérites infinis de votre divin Fils, d'abréger le temps de leur captivité et la rigueur de leur châtiment, accordez à votre Église entière, suppliante, le bienfait de leur délivrance.

O dogme ineffable de la confraternité chrétienne ! bienheureuse communion des Saints, doux échange des biens spirituels entre l'Église militante qui combat sur la terre, l'Église souffrante qui expie en purgatoire, et l'Église triomphante qui est glorifiée dans le ciel ! Chrétiens fidèles qui tous ne formons qu'un seul corps en Jésus-Christ[3], tandis que vous invoquez pour vos proches les miséricordes divines, eux-mêmes sollicitent en votre faveur les bénédictions du ciel. « Qui refuse à son ami suppliant le tribut de sa « commisération, celui-là, nous dit l'Esprit Saint, « renonce à la crainte du Seigneur, et s'expose « à toutes les rigueurs de sa justice[4]. » Les ser-

---

[3] Ephes. II, 19.
[4] Qui tollit ab amico misericordiam, misericordiam Dei reliquit. Job, VI, 14.

vices que l'Église réclame pour les Morts ne sont pas moins profitables aux Vivants. « Nous les as-« sistons par nos prières, par des aumônes faites « en esprit de charité, par nos bonnes œuvres [5]. » Et ne sont-ce pas là des sources de salut pour nous-mêmes? Aussi le concile de Trente, en recommandant cette dévotion, affirme-t-il qu'elle a été pratiquée avec zèle par tous les siècles chrétiens [6].

Saint Augustin, si admirable par sa conduite envers sa mère après sa mort, s'en explique dans ces propres termes : « La coutume de l'Église uni-« verselle doit être d'un grand poids à cet égard, « lorsque, dans les prières que l'on fait à Dieu « devant ses autels, la mémoire des Morts n'y « est pas oubliée [7]. »

Sancta ergo et salubris est cogitatio pro defunctis exorare, ut a peccatis solvantur [8]. « C'est « donc une sainte et salutaire pensée que celle de « prier pour les Morts, afin qu'ils soient délivrés « de leurs péchés. »

---

[5] Concil. Trident. Sess. XXV, de Reform.
[6] Ibid.
[7] S. Augustin, *Traité des soins que l'on doit aux morts*. Dans la Biblioth. choisie des Pères grecs et latins, t. XXI, p. 314.
[8] II. Machab. XII, 46.

XXVIII.

Avant de vous séparer de ces tombeaux et de terminer votre pieux pèlerinage, Ames fidèles, éprouvées par le feu des tribulations, permettez que j'arrête un moment encore vos regards sur les deux tableaux qui fixent ici le plus particulièrement l'attention générale. Le premier est celui qui se voit à l'entrée du saint édifice, et représente Jésus-Christ sur la croix ; à ses pieds les saintes femmes éplorées, abîmées dans le sentiment du malheur qui les accable. Parmi elles, vous reconnaissez aussitôt la Mère du Sauveur, frappée dans son cœur des mêmes coups que son adorable Fils, et survivant à ce même Fils si violemment arraché à sa tendresse. Marie fut prédestinée à donner, à toutes les conditions de la vie, l'exemple de toutes les vertus.

Marie pleure et se lamente; oui, sans doute, car elle est mère ; et quelle mère ! Le Fils qu'elle a perdu, c'est son premier-né, l'objet de ses plus douces complaisances, dont un Ange du ciel lui avait annoncé la naissance, le soutien, l'espérance de sa royale maison ; ce Fils de David, dont naguère les tribus d'Israël, accourues sur son passage, célébraient par des chants de triomphe l'entrée dans Jérusalem [1]. Souvenirs déchirants ! Combien de fois n'a-t-elle pas entendu s'écrier autour de lui : *Heureux le sein qui vous a porté ! heureuses les entrailles qui vous ont nourri* [2] *!* Quelle effroyable catastrophe a soudain remplacé ces perspectives ravissantes de bonheur et d'espérance ? Pourquoi ne lui est-il pas donné d'expirer avec lui ? Dans quelle affreuse solitude va-t-elle désormais se trouver plongée ! Mourir si jeune, et par une aussi cruelle mort ! Comment le cœur d'une mère tiendrait-il contre la brusque irruption d'une calamité venue fondre sur elle avec l'impétuosité du torrent, et l'inonder de tous ses flots [3] ? Comment ne pas s'écrier avec Jérémie : *Oh ! qui fera de mes yeux deux fontaines de larmes* [4] *?* Heureuse encore de trouver des larmes pour soulager sa douleur ! Ah ! que Marie donne aux siennes un libre cours et fasse éclater ses gémissements ; que le glaive dont elle fut percée pénètre jusqu'aux dernières fibres de cette

---

[1] Matth. XXI, 8, 9.
[2] Beatus venter qui te portavit, et ubera quæ suxisti. Luc, XI, 17.
[3] Magna est sicut mare contritio tua. Thren. II, 13.
[4] Quis dabit capiti meo aquam et oculis meis fontem lacrymarum ? Jerem. IX, 1.

âme si tendre, si délicate; qu'elle semble succomber sous le poids de son affliction, et que la pâleur de la mort répandue sur son visage laisse croire qu'elle-même ne tient plus à la vie que par le dernier souffle prêt à s'exhaler : tel est le sujet de ce premier tableau justement admiré, où nous voyons la sainte mère de Jésus-Christ défaillante, abattue au pied de la croix sur laquelle expire lentement son divin Fils épuisé de sang, consumé par la souffrance, dévoré par la soif, ne formant de tout son corps qu'une seule plaie. Témoin de cette lamentable scène, qui que vous soyez, vous avez mêlé vos pleurs à ceux de Marie, et chacun des sanglots échappés de sa poitrine faisait retentir à votre oreille les paroles du Prophète : *O vous tous qui passez par ce chemin, considérez et voyez s'il y eut jamais douleur égale à celle-là*[5]?

Voilà, mères, épouses, sœurs chrétiennes, qu'après avoir franchi l'enceinte du sanctuaire, vous êtes enfin parvenues à l'extrémité du saint édifice, déposant sur chacune de ces tombes chéries le tribut de vos larmes et de vos prières. A leur suite s'est offert à vous l'autel expiatoire, où coule chaque jour le sang propitiateur en fa-

---

[5] O vos omnes qui transitis per viam, attendite, et videte si est dolor sicut dolor meus. Thren. I, 12.

veur de ces Morts qui vous sont si chers, dédié à la sainte Mère de Jésus-Christ, sous le nom de Notre-Dame de compassion. Au-dessus se fait remarquer cette autre image qui, en vous transportant également sur le Calvaire, met sous vos yeux le spectacle d'une douleur à laquelle nulle autre n'est comparable. Comment la mère de Jésus-Christ l'a-t-elle supportée? Le corps de cet adorable Fils, détaché de la croix, est étendu sans mouvement et sans vie aux pieds de Marie. C'est toujours la reine des Martyrs, la mère des douleurs : mater dolorosa. Quel calme! quelle résignation! quelle majesté dans sa douleur, sans rien diminuer de son énergie! Marie a donné à la nature tout ce qu'elle réclame. Triomphante d'elle-même, elle vous apprend, mères chrétiennes, ce que doit être votre affliction, soumise en tout à la volonté de Jésus-Christ. La voilà debout, dit le texte sacré [6], comme, après la sanglante sueur du mont des Oliviers, Jésus-Christ s'était relevé, renversant d'une parole les soldats venus pour le prendre [7]. Elle est debout, dit saint Ambroise, tandis que les hommes ont fui, intrépide au milieu des apprêts de la sépulture et des

---

[6] Stabat juxta crucem Jesu mater ejus. Joan. XIX, 24.
[7] Joan. XVIII, 6.

mouvements divers qui s'agitent autour d'elle [8], pareille à la prêtresse portant dans ses mains la victime préparée pour le sacrifice. Marie contemple dans un silencieux recueillement le mystère de la rédemption, la justice de Dieu satisfaite, l'amour immense du Père qui a donné à la terre son unique Fils [9], le ciel ouvert, l'abîme fermé, la mort dépouillée de son aiguillon, la prochaine résurrection de Jésus-Christ, attestant la future résurrection du genre humain. Elle couvre de ses adorations le corps de ce Fils bien-aimé, et s'offre elle-même en sacrifice. Jésus-Christ, dit saint Bernard, s'est immolé tout entier à l'ordre de Dieu son père : Marie, à son tour, s'immole tout entière à la volonté de Jésus-Christ [10]. Elle sait bien que Jésus-Christ n'est entré dans sa gloire que par les tribulations [11]. Et sa constance inébranlable dans les tortures, jointe à tous les autres prodiges de sa passion, arrache à ses ennemis l'aveu qu'il était vraiment le fils de Dieu [12]. Marie, par l'héroïsme de son courage,

---

[8] Stabat ante crucem mater, et fugientibus viris stabat intrepida. S. Ambros. De Instit. virg., 48.

[9] Sic Deus dilexit mundum ut Filium suum daret. Joan. III, 16.

[10] S. Bern., de Duod. prærog. B. MARIÆ.

[11] Oportuit pati Christum, et ita intrare in gloriam suam. Luc. XXIV, 26.

[12] Vere Filius Dei erat iste. Matth. XXVII, 54.

manifeste combien elle était vraiment *pleine de grâce* [13]. Associée à la passion de Jésus-Christ, Marie partagera ses triomphes. Plus elle fut éprouvée, plus elle sera glorifiée; et c'est du pied de cette croix, trempée de ses pleurs et baignée du sang de son divin Fils, que toutes les générations à l'envi la proclameront bienheureuse [14].

Mères, épouses, sœurs chrétiennes, disciples de Jésus-Christ, qui que vous soyez, vous aspirez aux mêmes récompenses : vous les obtiendrez par les mêmes sacrifices et les mêmes vertus.

[13] Ave, gratia plena. Luc. I, 28.
[14] Beatam me dicent omnes generationes. Ibid. 48.

TROISIÈME PARTIE.

OFFICES DES MORTS.

TROISIÈME PARTIE.

ORDINAIRE DE LA MESSE.

Le Prêtre, au pied de l'Autel, fait le signe de la croix, et dit :

Au nom du Père, et du Fils, et du Saint-Esprit. Ainsi soit-il.	In nomine Patris, et Filii, et Spiritus sancti. Amen.
℣. Je m'approcherai de l'autel de Dieu.	℣. Introibo ad altare Dei.
℟. Du Dieu qui remplit mon âme d'une joie toujours nouvelle.	℟. Ad Deum qui lætificat juventutem meam.
℣. Notre secours est dans le nom du Seigneur.	℣. Adjutorium nostrum in nomine Domini.
℟. Qui a fait le ciel et la terre.	℟. Qui fecit cœlum et terram.

Le Prêtre dit le Confiteor ; les Assistants répondent :

Que le Dieu tout-puissant ait pitié de vous ; et qu'après vous avoir pardonné vos péchés, il vous conduise à la vie éternelle. ℟. Ainsi soit-il.	Misereatur tui omnipotens Deus, et dimissis peccatis tuis, perducat te ad vitam æternam. ℟. Amen.

OFFICES DES MORTS.

Les Assistants font la Confession, en disant :

Confiteor Deo omnipotenti, beatæ Mariæ semper Virgini, beato Michaeli Archangelo, beato Joanni Baptistæ, sanctis Apostolis Petro et Paulo, omnibus Sanctis, et tibi, Pater, quia peccavi nimis cogitatione, verbo et opere : mea culpa, mea culpa, mea maxima culpa. Ideo precor beatam Mariam semper Virginem, beatum Michaelem Archangelum, beatum Joannem Baptistam, sanctos Apostolos Petrum et Paulum, omnes Sanctos, et te, Pater, orare pro me ad Dominum Deum nostrum.

Je confesse à Dieu tout-puissant, à la bienheureuse Marie toujours Vierge ; à saint Michel Archange, à saint Jean-Baptiste, aux apôtres saint Pierre et saint Paul, à tous les Saints, et à vous, mon père, que j'ai beaucoup péché par pensées, par paroles et par actions : c'est ma faute, c'est ma faute, c'est ma très-grande faute. C'est pourquoi je supplie la bienheureuse Marie toujours Vierge, saint Michel Archange, saint Jean-Baptiste, les apôtres saint Pierre et saint Paul, tous les Saints, et vous, mon Père, de prier pour moi le Seigneur notre Dieu.

Le Prêtre prie pour les Assistants et pour lui-même.

Misereatur vestri omnipotens Deus ; et dimissis peccatis vestris, perducat vos ad vitam æternam. ℟. Amen.

Indulgentiam, absolutionem, et remissionem peccatorum nostrorum tribuat nobis omnipotens

Que le Dieu tout-puissant ait pitié de vous ; et qu'après vous avoir pardonné vos péchés, il vous conduise à la vie éternelle. ℟. Ainsi soit-il.

Que le Seigneur tout-puissant et miséricordieux nous accorde le pardon, l'absolution et la rémission de nos péchés. ℟. Ainsi soit-il.

℣. Mon Dieu, tournez vos regards sur nous, et vous nous donnerez une nouvelle vie.

℟. Et votre peuple se réjouira en vous.

℣. Faites-nous sentir, Seigneur, les effets de votre miséricorde.

℟. Et accordez-nous le salut qui vient de vous.

℣. Seigneur, daignez écouter ma prière.

℟. Et que mes cris s'élèvent jusqu'à vous.

℣. Le Seigneur soit avec vous.

℟. Et avec votre esprit.

et misericors Dominus.
℟. Amen.

℣. Deus, tu conversus vivificabis nos.

℟. Et plebs tua lætabitur in te.

℣. Ostende nobis, Domine, misericordiam tuam.

℟. Et salutare tuum da nobis.

℣. Domine, exaudi orationem meam.

℟. Et clamor meus ad te veniat.

℣. Dominus vobiscum.

℟. Et cum spiritu tuo.

Le Prêtre, en montant à l'Autel, dit :

Nous vous supplions, Seigneur, d'effacer nos iniquités, afin qu'étant purs de cœur et d'esprit, nous méritions d'approcher du Saint des Saints; par Notre Seigneur Jésus-Christ. Ainsi soit-il.

Le Prêtre, en baisant l'Autel, dit :

Nous vous prions, Seigneur, par les mérites de vos Saints, dont les précieux restes reposent sous cet autel, et par ceux de tous les Saints, de m'accorder le pardon de mes péchés. Ainsi soit-il.

12.

Le Prêtre lit l'Introït.

Après l'Introït, le Prêtre et les Assistants disent alternativement :

Kyrie, eleison.	Seigneur, ayez pitié de nous.
Kyrie, eleison.	Seigneur, ayez pitié de nous.
Kyrie, eleison.	Seigneur, ayez pitié de nous.
Christe, eleison.	Jésus, ayez pitié de nous.
Christe, eleison.	Jésus, ayez pitié de nous.
Christe, eleison.	Jésus, ayez pitié de nous.
Kyrie, eleison.	Seigneur, ayez pitié de nous.
Kyrie, eleison.	Seigneur, ayez pitié de nous.
Kyrie, eleison.	Seigneur, ayez pitié de nous.
℣. Dominus vobiscum.	℣. Le Seigneur soit avec vous.
℟. Et cum spiritu tuo.	℣. Et avec votre esprit.

Le Prêtre lit la Collecte, l'Épître et le Graduel.

Avant l'Évangile, le Prêtre dit au milieu de l'Autel :

Purifiez mon cœur et mes lèvres, Dieu tout-puissant, qui avez purifié avec un charbon ardent les lèvres du Prophète Isaïe : daignez de même me purifier par votre miséricorde, afin que je puisse annoncer dignement votre saint Évangile ; par Jésus-Christ Notre Seigneur. Ainsi soit-il.

Que le Seigneur soit dans mon cœur et sur mes lèvres, afin que j'annonce dignement et comme il faut son saint Évangile. Ainsi soit-il.

Avant de lire l'Évangile, le Prêtre dit :

Le Seigneur soit avec vous.	Dominus vobiscum.
℟. Et avec votre esprit.	℟. Et cum spiritu tuo.
Commencement *ou* Suite du Saint Évangile selon Saint N.	Initium *ou* Sequentia Sancti Evangelii secundùm N.
℟. Gloire soit à vous, Seigneur.	℟. Gloria tibi, Domine.
℣. Le Seigneur soit avec vous.	℣. Dominus vobiscum.
℟. Et avec votre esprit.	℟. Et cum spiritu tuo.

Le Prêtre lit l'Offertoire.

OBLATION DE L'HOSTIE.

Le Prêtre prend l'Hostie, et dit :

Recevez, ô Père saint, Dieu éternel et tout-puissant ! cette hostie sans tache que je vous offre, tout indigne que je suis de ce ministère ; je vous l'offre, Seigneur, comme à mon Dieu vivant et véritable, pour mes péchés, mes offenses et mes négligences qui sont sans nombre ; je vous l'offre aussi pour tous les assistants, et même pour tous les fidèles chrétiens, vivants et morts, afin qu'elle soit pour moi et pour eux un gage du salut éternel. Ainsi soit-il.

Le Prêtre met le vin et l'eau dans le calice, en disant :

O Dieu ! qui, par un effet admirable de votre puissance, avez créé l'homme dans un haut degré d'excellence, et qui, par un prodige de bonté encore plus surprenant, avez daigné réparer cet ouvrage de vos mains après sa chute, donnez-nous, par le mystère que ce mélange d'eau et de vin nous représente, la grâce de participer à la divinité de Jésus-Christ, votre Fils, Notre Seigneur, qui a bien voulu se revêtir de notre humanité : lui qui, étant Dieu, vit et règne avec vous dans l'unité du Saint-Esprit, dans tous les siècles des siècles. Ainsi soit-il.

OBLATION DU CALICE.

Le Prêtre prend le Calice, et dit :

Nous vous offrons, Seigneur, le calice du salut, en conjurant votre bonté de le faire monter comme un parfum d'une agréable odeur jusqu'au trône de votre divine Majesté, pour notre salut et celui de tout le monde. Ainsi soit-il.

Nous nous présentons devant vous, Seigneur, avec un esprit humilié et un cœur contrit : recevez-nous, et faites que notre sacrifice s'accomplisse aujourd'hui devant vous d'une manière qui vous soit agréable, ô Seigneur notre Dieu !

Venez, Sanctificateur tout-puissant, Dieu éternel, et bénissez ce sacrifice destiné pour rendre gloire à votre saint nom.

Le Prêtre lave ses doigts, en disant :

Je laverai mes mains avec les justes, et je m'approcherai de votre autel, Seigneur, afin d'entendre publier vos louanges, et de raconter moi-même toutes vos merveilles. J'aime la beauté de votre maison, Seigneur, et le lieu où réside votre gloire. O Dieu! ne me confondez pas avec les impies, et ne me traitez pas comme les homicides. Leurs mains sont accoutumées à l'injustice, et ils se laissent séduire par les présents. Pour moi, j'ai marché dans l'innocence : rachetez-moi donc, Seigneur, et prenez pitié de moi. Mes pieds se sont arrêtés dans la voie de la justice : je vous bénirai, Seigneur, dans les assemblées des fidèles.

Le Prêtre s'incline au milieu de l'Autel, et dit :

Recevez, ô Trinité Sainte! l'oblation que nous vous présentons en mémoire de la Passion, de la Résurrection et de l'Ascension de Jésus-Christ Notre Seigneur; en l'honneur de la bienheureuse Marie toujours Vierge, de saint Jean-Baptiste, des apôtres saint Pierre et saint Paul, des Saints dont les reliques sont ici, et de tous les autres Saints, afin qu'ils y trouvent leur gloire, et nous notre salut ; et que ceux dont nous honorons la mémoire sur la terre, daignent intercéder pour nous dans le ciel : par le même Jésus-Christ Notre Seigneur. Ainsi soit-il.

Le Prêtre, tourné vers les Assistants, dit :

℣. Priez, mes frères, que mon sacrifice, qui est aussi le vôtre, soit favorablement reçu de Dieu le Père tout-puissant.

℟. Que le Seigneur re-

℣. Orate, fratres, ut meum ac vestrum sacrificium acceptabile fiat apud Deum Patrem omnipotentem.

℟. Suscipiat Dominus

sacrificium de manibus tuis, ad laudem et gloriam nominis sui, ad utilitatem quoque nostram, totiusque Ecclesiæ suæ sanctæ. Amen.

çoive par vos mains ce sacrifice pour l'honneur et la gloire de son nom, pour notre utilité particulière, et pour le bien de toute son Église sainte. Ainsi soit-il.

Le Prêtre lit la Secrète, et dit:

Per omnia secula seculorum. ℟. Amen.
℣. Dominus vobiscum. ℟. Et cum spiritu tuo.

℣. Sursùm corda. ℟. Habemus ad Dominum.

℣. Gratias agamus Domino Deo nostro. ℟. Dignum et justum est.

Dans tous les siècles des siècles. ℟. Ainsi soit-il.
℣. Le Seigneur soit avec vous. ℟. Et avec votre esprit.

℣. Élevez vos cœurs. ℟. Nous les tenons élevés vers le Seigneur.

℣. Rendons grâces au Seigneur notre Dieu. ℟. Il est juste et raisonnable.

PRÉFACE PROPRE.

Verè dignum et justum est, æquum et salutare, nos tibi semper et ubique gratias agere, Domine sancte, Pater omnipotens, æterne Deus, per Christum Dominum nostrum; In quo nobis spem beatæ resurrectionis concessisti; ut dùm naturam contristat certa moriendi conditio, fidem consoletur futuræ immortalitatis promissio; Tuis enim fideli-

Il est véritablement juste et raisonnable, il est équitable et salutaire de vous rendre grâces en tout temps et en tout lieu, Seigneur très-saint, Père tout-puissant, Dieu éternel, par Jésus-Christ notre Seigneur; Dans lequel vous nous avez accordé l'espérance de la bienheureuse résurrection, afin que, si l'inévitable nécessité de mourir attriste la nature humaine, la promesse de l'immortalité future encourage et console notre foi ; Car, vos fidèles, Seigneur, échangent la vie, mais ne la perdent pas ; et lorsque cette maison de terre, où ils habitent, vient à se détruire, ils en acquièrent une dans le ciel qui durera éternellement ; C'est pourquoi nous nous unissons aux Anges et aux Archanges, aux Trônes et aux Dominations, et à toute l'armée céleste, pour chanter un cantique à votre gloire, en disant sans cesse :

bus, Domine, vita mutatur, non tollitur ; et dissoluta terrestris hujus habitationis domo, æterna in cœlis hab tatio comparatur ; Et ideo cum Angelis et Archangelis, cum Thronis et Dominationibus, cumque omni militia cœlestis exercitus, hymnum gloriæ tuæ canimus, sine fine dicentes :

Sanctus, sanctus, etc.

Saint, Saint, Saint est le Seigneur, le Dieu des armées. Votre gloire remplit les cieux et la terre. Hosanna au plus haut des cieux. Béni soit celui qui vient au nom du Seigneur. Hosanna à celui qui habite au plus haut des cieux.

Sanctus, Sanctus, Sanctus, Dominus Deus sabaoth. Pleni sunt cœli et terra gloria tua. Hosanna in excelsis. Benedictus qui venit in nomine Domini. Hosanna in excelsis.

CANON DE LA MESSE.

Nous vous supplions donc, Père des miséricordes, et nous vous conjurons par Notre Seigneur Jésus-Christ, votre Fils, d'agréer et de bénir ces dons, ces offrandes, ces sacrifices purs et sans tache que nous vous offrons particulièrement pour votre sainte Église catholique, afin qu'il vous plaise de lui donner la paix, de la conserver, de la maintenir dans l'union, et de la gouverner par toute la terre, et avec elle votre serviteur N, notre pape, notre évêque N, notre roi N, et enfin tous ceux qui sont orthodoxes, et qui font profession de la foi catholique et apostolique.

MÉMOIRE DES VIVANTS.

Souvenez-vous, Seigneur, de vos serviteurs et de vos servantes N et N, et de tous ceux qui sont ici présents, dont vous connaissez la foi et la piété, pour qui nous vous offrons ce sacrifice de louange, ou qui vous l'offrent, tant pour eux-mêmes que pour ceux qui leur appartiennent, pour la rédemption de leurs âmes, pour l'espérance de leur salut et de leur conservation, et pour vous rendre leurs hommages comme au Dieu éternel, vivant et véritable.

Étant unis de communion avec toute votre Église, nous honorons la mémoire, premièrement de la glorieuse Vierge Marie, Mère de Dieu, Jésus-Christ Notre Seigneur, et ensuite de vos bienheureux Apôtres et Martyrs Pierre et Paul, André, Jacques, Jean, Thomas, Jacques, Philippe, Barthélemi, Matthieu, Simon et Thadée, Lin, Clet, Clément, Xiste, Corneille, Cyprien, Laurent, Chrysogone, Jean et Paul, Côme et Damien, et de tous vos Saints, par les mérites et les prières desquels nous vous supplions de nous accorder en toutes choses le secours de votre protection. C'est ce que nous vous demandons par le même Jésus-Christ Notre Seigneur. Ainsi soit-il.

Nous vous supplions donc, Seigneur, de recevoir favorablement l'hommage que nous vous rendons par cette oblation, qui est aussi celle de toute votre Église :

accordez-nous, pendant les jours de cette vie mortelle, la paix qui vient de vous ; préservez-nous de la damnation éternelle, et mettez-nous au nombre de vos élus : par Jésus-Christ Notre Seigneur. Ainsi soit-il.

Nous vous prions, ô Dieu, de bénir cette oblation, de la mettre au nombre de celles que vous approuvez, de l'agréer, d'en faire un sacrifice digne d'être reçu de vous, et par lequel nous vous rendions un culte raisonnable et spirituel ; en sorte qu'elle devienne pour nous le corps et le sang de votre Fils bien-aimé Jésus-Christ, Notre Seigneur ;

Le Prêtre consacre l'espèce du Pain, en disant :

Qui, la veille de sa passion, prit du pain dans ses mains saintes et vénérables, et, levant les yeux au ciel vers vous, ô Dieu, son Père tout-puissant, vous rendit grâces, et bénit ce pain, le rompit, et le donna à ses disciples, en disant : « PRENEZ ET MANGEZ-EN TOUS ; CAR CECI EST MON CORPS. »

Le Prêtre adore le sang de N. S. Jésus-Christ, et l'élève pour le faire adorer aux Assistants.

Le Prêtre consacre ensuite l'espèce du Vin, en disant :

De même, après qu'il eut soupé, prenant ce précieux calice entre ses mains saintes et vénérables, il vous rendit grâces, le bénit, et le donna à ses disciples, en disant : « PRENEZ ET BUVEZ-EN TOUS ; CAR CECI EST LE CALICE DE MON SANG, LE SANG DE LA NOUVELLE ET ÉTERNELLE ALLIANCE, MYSTÈRE DE FOI, QUI SERA RÉ-

PANDU POUR VOUS ET POUR PLUSIEURS, POUR LA RÉMISSION DES PÉCHÉS. *Toutes les fois que vous ferez ces choses, vous les ferez en mémoire de moi.* »

Le Prêtre adore le corps de N. S. Jésus-Christ, et l'élève pour le faire adorer aux Assistants.

SUITE DU CANON.

C'est pour cela, Seigneur, que nous qui sommes vos serviteurs, et avec nous votre peuple saint, faisant mémoire de la passion de votre Fils Jésus-Christ Notre Seigneur, de sa résurrection en sortant du tombeau victorieux de l'enfer, et de sa glorieuse ascension au ciel, nous offrons à votre incomparable Majesté ce qui est le don même que nous avons reçu de vous, l'hostie pure, l'hostie sainte, l'hostie sans tache, le pain sacré de la vie qui n'aura point de fin, et le calice du salut éternel.

Daignez, Seigneur, regarder d'un œil favorable l'oblation que nous vous faisons de ce saint sacrifice, de cette hostie sans tache; daignez l'agréer, comme il vous a plu d'agréer les présents du juste Abel votre serviteur, le sacrifice de notre patriarche Abraham, et celui de Melchisédech votre grand prêtre.

Nous vous supplions, ô Dieu tout-puissant, de commander que ces dons soient portés par les mains de votre saint Ange sur votre autel sublime, en présence de votre divine Majesté; afin que tous tant que nous sommes ici qui, participant à cet autel, aurons reçu le corps et le sang de votre Fils, nous soyons remplis de toutes les bénédictions et de toutes les grâces du ciel ; par le même Jésus-Christ Notre Seigneur. Ainsi soit-il.

MÉMOIRE DES MORTS.

Souvenez-vous aussi, Seigneur, de vos serviteurs et de vos servantes N. et N., qui, marqués au sceau de la foi, ont fini leur vie mortelle avant nous, pour s'endormir du sommeil de la paix. Nous vous supplions, Seigneur, de leur accorder, par votre miséricorde, à eux et à tous ceux qui reposent en Jésus-Christ, le lieu du rafraîchissement, de la lumière et de la paix ; par le même Jésus-Christ Notre Seigneur. Ainsi soit-il.

Le Prêtre frappe sa poitrine, en disant :

Pour nous, pécheurs, qui sommes vos serviteurs et qui espérons en votre grande miséricorde, daignez aussi nous donner part au céleste héritage avec vos saints Apôtres et Martyrs : avec Jean, Étienne, Mathias, Barnabé, Ignace, Alexandre, Marcellin, Pierre, Félicité, Perpétue, Agathe, Luce, Agnès, Cécile, Anastasie, et avec tous vos Saints ; daignez nous admettre en leur sainte société, non en consultant nos mérites, mais en usant d'indulgence à notre égard ; par Jésus-Christ Notre Seigneur, par lequel vous produisez toujours, Seigneur, vous sanctifiez, vous vivifiez, vous bénissez et vous nous donnez tous ces biens. C'est par lui, avec lui et en lui que tout honneur et toute gloire vous sont rendus, ô Dieu, Père tout-puissant ! en l'unité du Saint-Esprit ;

Per omnia secula seculorum. ℟. Amen.	Dans tous les siècles des siècles. ℟. Ainsi soit-il.
Oremus. Præceptis salutaribus moniti, et divina institutione formati, audemus dicere :	*Oraison*. Avertis par le commandement salutaire de Jésus-Christ, et conformément à l'instruction sainte qu'il nous a laissée, nous osons dire :
Pater noster, qui es in cœlis, sanctificetur nomen tuum ; adveniat regnum tuum ; fiat voluntas tua, sicut in cœlo et in terra ; panem nostrum quotidianum da nobis hodie ; et dimitte nobis debita nostra, sicut et nos dimittimus debitoribus nostris ; et ne nos inducas in tentationem ; ℟. Sed libera nos a malo. Amen.	Notre Père, qui êtes aux cieux, que votre nom soit sanctifié ; que votre règne arrive ; que votre volonté soit faite sur la terre comme au ciel ; donnez-nous aujourd'hui notre pain de chaque jour ; et pardonnez-nous nos offenses, comme nous pardonnons à ceux qui nous ont offensés ; et ne nous laissez pas succomber à la tentation ; ℟. Mais délivrez-nous du mal. Ainsi soit-il.

Délivrez-nous, s'il vous plaît, Seigneur, de tous les maux passés, présents et à venir ; et par l'intercession de la bienheureuse Marie, Mère de Dieu, toujours Vierge, et de vos bienheureux apôtres Pierre, Paul, André, et de tous les Saints, daignez nous faire jouir de la paix pendant le cours de notre vie mortelle ; afin qu'avec le secours de votre miséricorde nous ne soyons jamais assujettis au péché, ni agités par aucun trouble : Nous vous en prions par le même Notre Seigneur Jésus-Christ, votre Fils, qui, étant Dieu, vit et règne avec vous en l'unité du Saint-Esprit ;

Dans tous les siècles des siècles. ℟. Ainsi soit-il.	Per omnia secula seculorum. Amen.
℣. Que la paix du Seigneur soit toujours avec vous.	℣. Pax Domini sit semper vobiscum.
℟. Et avec votre esprit.	℟. Et cum spiritu tuo.

Que ce mélange et cette consécration du corps et du sang de Notre Seigneur Jésus-Christ, que nous allons recevoir, nous procure la vie éternelle. Ainsi soit-il.

Le Prêtre dit trois fois, sans frapper sa poitrine :

Agnus Dei, qui tollis peccata mundi, dona eis requiem ;

Agnus Dei, qui tollis peccata mundi, dona eis requiem ;

Agnus Dei, qui tollis peccata mundi, dona eis requiem sempiternam.

Seigneur Jésus-Christ, Fils du Dieu vivant, qui, par la volonté du Père et la coopération du Saint-Esprit, avez donné la vie aux hommes en mourant pour eux, délivrez-moi, par votre saint corps et votre précieux sang ici présents, de tous mes péchés et de tous les autres maux ; faites, s'il vous plaît, que je m'attache toujours inviolablement à votre loi, et ne permettez pas que je me sépare jamais de vous, qui, étant Dieu, vivez et régnez avec le Père et le Saint-Esprit, dans tous les siècles des siècles. Ainsi soit-il.

13.

Seigneur Jésus-Christ, que la participation de votre corps que j'ose recevoir, tout indigne que j'en suis, ne tourne point à mon jugement et à ma condamnation ; mais que, par votre bonté, elle serve à la défense de mon corps et de mon âme, et qu'elle soit le remède de tous mes maux ; accordez-moi cette grâce, Seigneur, qui, étant Dieu, vivez et régnez en l'unité du Saint-Esprit dans tous les siècles des siècles. Ainsi soit-il.

Je prendrai le pain céleste, et j'invoquerai le nom du Seigneur.

Le Prêtre, tenant la sainte Hostie, dit trois fois la prière suivante, en se frappant la poitrine :

Domine, non sum dignus ut intres sub tectum meum ; sed tantum dic verbo, et sanabitur anima mea.	Seigneur, je ne suis pas digne que vous entriez dans ma maison ; mais dites seulement une parole, et mon âme sera guérie.

Le Prêtre communie sous l'espèce du Pain, en disant :

Que le corps de Notre Seigneur Jésus-Christ garde mon âme pour la vie éternelle. Ainsi soit-il.

Il dit ensuite :

Que rendrai-je au Seigneur pour toutes les grâces qu'il m'a faites ? Je prendrai le calice du salut, et j'invoquerai le nom du Seigneur. J'invoquerai le Seigneur en chantant ses louanges, et je serai délivré de mes ennemis.

Le Prêtre communie sous l'espèce du Vin, en disant :

Que le sang de notre Seigneur Jésus-Christ garde mon âme pour la vie éternelle. Ainsi soit-il.

Après la Communion, le Prêtre dit :

Faites, Seigneur, que nous conservions dans un cœur pur le sacrement que notre bouche a reçu, et que le don qui nous est fait dans le temps nous soit un remède pour l'éternité.

Que votre corps que j'ai reçu, Seigneur, et que votre sang que j'ai bu, s'attache à mes entrailles : faites qu'après avoir été nourri par des sacrements si purs et si saints, il ne demeure en moi aucune souillure du péché : accordez-moi cette grâce, Seigneur, qui vivez et régnez dans tous les siècles des siècles. Ainsi soit-il.

Le Prêtre lit l'antienne appelée Communion, et dit :

Le Seigneur soit avec vous.	Dominus vobiscum.
℟. Et avec votre esprit.	℟. Et cum spiritu tuo.

Il lit la Post-communion, et dit de nouveau :

Le Seigneur soit avec vous.	Dominus vobiscum.
℟. Et avec votre esprit.	℟. Et cum spiritu tuo.

Ensuite il dit :

Qu'ils reposent en paix.	Requiescant in pace.
℟. Ainsi soit-il.	℟. Amen.

Recevez favorablement, ô Trinité sainte! l'hommage et l'aveu de ma parfaite dépendance ; daignez agréer le sacrifice que j'ai offert à votre divine Majesté, tout indigne que j'en suis : faites par votre bonté qu'il m'obtienne miséricorde, et à tous ceux pour qui je l'ai offert : par Jésus-Christ notre Seigneur. Ainsi soit-il.

Le Prêtre dit ensuite :

Dominus vobiscum.	Le Seigneur soit avec vous.
℟. Et cum spiritu tuo.	℟. Et avec votre esprit.
Initium Sancti Evangelii secundum Joannem.	Commencement du Saint Évangile selon Saint Jean.
℟. Gloria tibi, Domine.	℟. Gloire à vous, Seigneur.

Au commencement était le Verbe, et le Verbe était en Dieu, et le Verbe était Dieu. Il était dès le commencement en Dieu. Toutes choses ont été faites par lui ; et rien de ce qui a été fait, n'a été fait sans lui. Dans lui était la vie, et la vie était la lumière des hommes ; et la lumière luit dans les ténèbres, et les ténèbres ne l'ont point comprise. Il y eut un homme envoyé de Dieu, qui s'appelait Jean. Il vint pour rendre témoignage à la lumière, afin que tous crussent par lui. Il n'était pas la lumière, mais il vint pour rendre témoignage à celui qui est la lumière. C'était la vraie lumière qui éclaire tout homme venant en ce monde. Il était dans le monde, le monde a été fait par lui, et le monde ne l'a point connu. Il est venu chez soi, et les siens ne l'ont point reçu. Mais il a donné à tous ceux qui l'ont reçu le pouvoir d'être faits enfants de

Dieu, à ceux qui croient en son nom, qui ne sont point nés du sang, ni des désirs de la chair, ni de la volonté de l'homme, mais de Dieu même. Et le Verbe s'est fait chair, et il a habité parmi nous, plein de grâce et de vérité ; et nous avons vu sa gloire, qui est la gloire du Fils unique du Père.

℟. Rendons grâces à Dieu.

FÊTE

DE LA COMMÉMORATION GÉNÉRALE DES MORTS.

2 novembre.

A L'OFFICE DE LA NUIT.

INVITATOIRE.

Tous vivent pour Dieu : venez, adorons-le.

Venez, réjouissons-nous dans le Seigneur ; chantons la gloire de Dieu notre Sauveur : présentons-nous devant lui en célébrant ses louanges, et chantons avec joie des cantiques en son honneur.

Tous vivent pour Dieu : venez, adorons-le.

Car le Seigneur est le

Deum cui omnes vivunt, venite, adoremus.

Venite, exultemus Domino : jubilemus Deo salutari nostro : præoccupemus faciem ejus in confessione, et in psalmis jubilemus ei.

Deum cui omnes vivunt, venite, adoremus.

Quoniam Deus magnus Dominus; et Rex magnus super omnes deos : quoniam non repellet Dominus plebem suam : quia in manu ejus sunt omnes fines terræ, et altitudines montium ipse conspicit.

Venite, adoremus.

Quoniam ipsius est mare, et ipse fecit illud; et aridam fundaverunt manus ejus : venite, adoremus, et procidamus ante Deum : ploremus coram Domino qui fecit nos : quia ipse est Dominus Deus noster : nos autem populus ejus, et oves pascuæ ejus.

* Deum cui omnes, etc.

Hodie si vocem ejus audieritis, nolite obdurare corda vestra, sicut in exacerbatione, secundum diem tentationis in deserto, ubi tentaverunt me patres vestri, probaverunt et viderunt opera mea.

* Venite, adoremus.

Quadraginta annis proximus fui generationi huic, et dixi : Semper hi errant corde; ipsi vero non cognoverunt vias

grand Dieu et le grand Roi, élevé au-dessus de tous les dieux; le Seigneur ne rejettera pas son peuple : toute l'étendue de la terre est en sa main, et les plus hautes montagnes sont à lui.

Venez, adorons-le.

Il est le maître de la mer, car il l'a faite; ses mains ont aussi créé la terre : venez, adorons Dieu, et prosternons-nous devant lui : pleurons devant le Seigneur qui nous a faits, car il est le Seigneur notre Dieu : nous sommes son peuple, et les brebis qu'il conduit lui-même à ses pâturages.

* Tous vivent pour, etc.

Si vous écoutez aujourd'hui sa voix, n'endurcissez pas vos cœurs, comme il arriva au jour du murmure qui attira sur vous ma colère dans le désert, où vos pères me tentèrent, où ils éprouvèrent ma puissance, et furent témoins des miracles que je fis.

* Venez, adorons-le.

J'ai été proche de ce peuple pendant quarante ans, et j'ai dit : Leur cœur est toujours dans l'égarement; ils n'ont point connu mes voies, et j'ai juré, dans ma colère, qu'ils n'entreront pas dans le lieu de mon repos.

Tous vivent pour, etc.

Donnez-leur, Seigneur, le repos éternel, et faites luire sur eux votre éternelle lumière.

Venez, adorons-le.

Tous vivent pour Dieu : venez, adorons-le.

meas : quibus juravi in ira mea, si introibunt in requiem meam.

Deum cui omnes, etc.

Requiem æternam dona eis, Domine, et lux perpetua luceat eis.

Venite, adoremus.

Deum cui omnes vivunt, venite, adoremus.

AU PREMIER NOCTURNE.

PSAUME 5.

Seigneur, prêtez l'oreille à mes paroles ; daignez entendre les cris que je pousse vers vous.

Soyez attentif à ma prière, ô mon Roi et mon Dieu.

Car c'est à vous, Seigneur, que je l'adresserai toujours : et vous m'exaucerez dès le matin.

Dès le matin je me présenterai devant vous, et j'étudierai votre conduite sur moi : car vous n'êtes pas un Dieu qui aimiez l'iniquité.

Le méchant ne demeu-

Verba mea auribus percipe, Domine : * intellige clamorem meum.

Intende voci orationis meæ, * Rex meus et Deus meus.

Quoniam ad te orabo, Domine : * mane exaudies vocem meam.

Mane astabo tibi, et videbo ; * quoniam non Deus volens iniquitatem tu es.

Neque habitabit juxta

14

te malignus, * neque permanebunt injusti ante oculos tuos.

Odisti omnes qui operantur iniquitatem : * perdes omnes qui loquuntur mendacium.

Virum sanguinum et dolosum * abominabitur Dominus.

Ego autem in multitudine misericordiæ tuæ introibo in domum tuam : * adorabo ad templum sanctum tuum in timore tuo.

Domine, deduc me in justitia tua : * propter inimicos meos dirige in conspectu tuo viam meam.

Quoniam non est in ore eorum veritas : * cor eorum vanum est.

Sepulcrum patens est guttur eorum; linguis suis dolose agebant : * judica illos, Deus.

Decidant a cogitationibus suis, secundum multitudinem impietatum eorum expelle eos ; * quo-

rera point avec vous, et l'injuste ne subsistera point en votre présence.

Vous haïssez tous ceux qui commettent l'iniquité ; vous perdrez tous ceux qui profèrent des paroles de mensonge.

Le Seigneur a en abomination les hommes de sang et les trompeurs.

Pour moi, j'espère, de la multitude de vos miséricordes, que j'entrerai dans votre maison : je vous adorerai dans votre saint temple avec une crainte respectueuse.

Faites-moi marcher, Seigneur, dans les sentiers de votre justice : aplanissez vos voies devant moi, à cause de mes ennemis.

Car il n'y a point de droiture dans leurs paroles : leur cœur n'est que mensonge.

Leur gosier est un sépulcre ouvert : ils ne se servent de leur langue que pour tromper : jugez-les, ô mon Dieu !

Renversez leurs desseins : repoussez-les loin de vous, à cause de la multitude de leurs crimes ; car c'est vous qu'ils offensent, Seigneur.

Pour ceux qui espèrent en vous, ils seront dans la joie : vous les comblerez d'une allégresse éternelle, et vous habiterez en eux.

Tous ceux qui aiment votre nom se glorifieront en vous, parce que vous bénirez le juste.

Vous nous avez couverts de votre amour, Seigneur, comme d'un bouclier.

Donnez-leur le repos, etc.

Ant. Faites-moi marcher, Seigneur, dans les sentiers de votre justice : aplanissez vos voies devant moi, à cause de mes ennemis.

niam irritaverunt te, Domine.

Et lætentur omnes, qui sperant in te : * in æternum exultabunt, et habitabis in eis.

Et gloriabuntur in te omnes qui diligunt nomen tuum, * quoniam tu benedices justo.

Domine, ut scuto bonæ voluntatis tuæ * coronasti nos.

Requiem æternam, etc.

Ant. Domine, deduc me in justitia tua : propter inimicos meos, dirige in conspectu tuo viam meam.

PSAUME 37.

Seigneur, ne me reprenez pas dans votre fureur, et ne me châtiez pas dans votre colère.

Car vos flèches ont fait en moi de profondes blessures, et votre main s'est appesantie sur moi.

Votre colère ne laisse aucune partie saine dans ma chair : la vue de mes péchés me trouble jusque dans la moelle de mes os.

Domine, ne in furore tuo arguas me, * neque in ira tua corripias me ;

Quoniam sagittæ tuæ infixæ sunt mihi, * et confirmasti super me manum tuam.

Non est sanitas in carne mea a facie iræ tuæ : * non est pax ossibus meis a facie peccatorum meorum.

Quoniam iniquitates meæ supergressæ sunt caput meum; * et sicut onus grave gravatæ sunt super me.

Putruerunt et corruptæ sunt cicatrices meæ, * a facie insipientiæ meæ.

Miser factus sum et curvatus sum usque in finem : * tota die contristatus ingrediebar.

Quoniam lumbi mei impleti sunt illusionibus ; * et non est sanitas in carne mea.

Afflictus sum et humiliatus sum nimis : * rugiebam a gemitu cordis mei.

Domine, ante te omne desiderium meum, * et gemitus meus a te non est absconditus.

Cor meum conturbatum est, dereliquit me virtus mea; * et lumen oculorum meorum, et ipsum non est mecum.

Amici mei, et proximi mei, * adversum me appropinquaverunt et steterunt.

Et qui juxta me erant,

Mes iniquités sont comme des flots qui m'ont submergé : c'est un pesant fardeau qui m'accable, et sous lequel je succombe.

La pourriture et la corruption s'est formée dans mes plaies : la violence de mon mal est un effet de mon égarement et de ma folie.

Courbé et abattu sous le poids de ma misère, je marche tout le jour avec un visage triste et défiguré.

Je sens dans mes flancs une ardeur qui me brûle, et je n'ai plus aucune partie saine dans mon corps.

Je suis tout languissant et tout brisé : et mon cœur pousse des sanglots et des gémissements.

Seigneur, vous voyez où tendent tous mes désirs, et le gémissement de mon âme ne vous est point caché.

Mon cœur est dans le trouble et l'inquiétude : mes forces m'abandonnent, et mes yeux sont éteints.

A la vue de mes plaies, mes amis et mes proches se sont retirés de moi.

Ceux qui m'étaient le

plus attachés, se sont éloignés de moi : pour mes ennemis, qui cherchent à me perdre, ils ont recours à la violence.

Ceux qui méditent ma ruine ont recours au mensonge, et concertent tout le jour de nouveaux artifices pour me perdre.

Mais je suis comme un sourd qui n'entend point : je suis comme un muet qui n'ouvre point la bouche.

Je suis comme un homme qui n'a point d'oreilles pour entendre, ni de langue pour répliquer.

Mais vous répondrez pour moi, Seigneur mon Dieu, et vous m'exaucerez ; puisque j'ai mis mon espérance en vous.

Je vous ai dit : Que je ne sois point un sujet de joie pour mes ennemis : ils ont parlé insolemment contre moi, lorsqu'ils ont vu mes pieds chancelants.

Cependant je suis prêt à tout souffrir ; et mon péché, qui est la cause de ma douleur, est toujours présent à mes yeux.

Je reconnais publiquement mon péché, et je ne cesse de le détester.

de longe steterunt ; * et vim faciebant, qui quærebant animam meam.

Et qui inquirebant mala mihi, locuti sunt vanitates, * et dolos tota die meditabantur.

Ego autem tanquam surdus non audiebam, * et sicut mutus non aperiens os suum.

Et factus sum sicut homo non audiens, * et non habens in ore suo redargutiones.

Quoniam in te, Domine, speravi : * tu exaudies me, Domine Deus meus.

Quia dixi : Nequando supergaudeant mihi inimici mihi ; * et, dum commoventur pedes mei, super me magna locuti sunt.

Quoniam ego in flagella paratus sum ; * et dolor meus in conspectu meo semper.

Quoniam iniquitatem meam annuntiabo, * et cogitabo pro peccato meo.

Inimici autem mei vivunt, et confirmati sunt super me ; * et multiplicati sunt, qui oderunt me inique.

Qui retribuunt mala pro bonis, detrahebant mihi ; * quoniam sequebar bonitatem.

Ne derelinquas me, Domine Deus meus : * ne discesseris a me.

Intende in adjutorium meum, * Domine Deus salutis meæ.

Requiem æternam, etc.

Ant. Salvum me fac propter misericordiam tuam : quoniam non est in morte qui memor sit tuî.

Cependant mes ennemis sont pleins de vie : leur puissance s'accroît ; et le nombre de ceux qui me haïssent injustement, s'augmente tous les jours.

Ceux qui rendent le mal pour le bien, me déchirent par leurs calomnies ; parce que je m'attache à la justice.

Seigneur, ne m'abandonnez pas : ô mon Dieu, ne vous éloignez pas de moi.

Mon Sauveur et mon Dieu, hâtez-vous de me secourir.

Donnez-leur le repos, etc.

Ant. Sauvez-moi à cause de votre miséricorde : car nul ne se souvient de vous parmi les morts.

PSAUME 12.

Usquequo, Domine, obliviscerisme in finem? * usquequo avertis faciem tuam a me?

Quamdiu ponam consilia in anima mea, * dolorem in corde meo per diem?

Usquequo exaltabitur

Jusqu'à quand m'oublierez-vous, Seigneur? Sera-ce pour toujours ? Jusqu'à quand me cacherez-vous votre visage?

Jusqu'à quand mon âme sera-t-elle agitée de différentes pensées, et mon cœur d'inquiétudes pendant tout le jour ?

Jusqu'à quand mon ennemi s'élèvera-t-il au-dessus de moi? Regardez-moi, et exaucez-moi, Seigneur mon Dieu.

Éclairez mes yeux, afin que je ne m'endorme pas d'un sommeil de mort, et que mon ennemi ne dise point : Je l'ai emporté sur lui.

Ceux qui me persécutent seront ravis de joie, si je suis ébranlé : mais pour moi, j'ai une ferme confiance dans votre miséricorde.

Mon cœur sera transporté de joie, lorsque vous me délivrerez : je chanterai les louanges du Seigneur qui m'a comblé de faveurs, et je célébrerai dans mes cantiques le nom du Très-Haut.

Donnez-leur le repos, etc.

Ant. Éclairez mes yeux, afin que je ne m'endorme pas d'un sommeil de mort.

℣. Ne livrez pas aux bêtes ceux qui vous louent.

℟. Et n'oubliez pas pour toujours les âmes de vos pauvres.

inimicus meus super me ? * Respice, et exaudi me, Domine Deus meus.

Illumina oculos meos, ne unquam obdormiam in morte, * nequando dicat inimicus meus : Prævalui adversus eum.

Qui tribulant me, exultabunt si motus fuero : * ego autem in misericordia tua speravi.

Exultabit cor meum in salutari tuo : * cantabo Domino qui bona tribuit mihi, et psallam nomini Domini altissimi.

Requiem æternam, etc.

Ant. Illumina oculos meos, ne unquam obdormiam in morte.

℣. Ne tradas bestiis animas confitentes tibi.

℟. Et animas pauperum tuorum ne obliviscaris in finem.

Pater noster. Et ne nos inducas.

I LEÇON. Job. 7.

Épargnez-moi, Seigneur ! car mes jours ne sont qu'un néant. Qu'est-ce que l'homme, pour mériter que vous le regardiez comme quelque chose de grand? et pourquoi votre cœur est-il attentif sur lui ? Vous le visitez le matin, et vous le mettez à l'épreuve à chaque moment. Jusqu'à quand différerez-vous de m'épargner, et de me donner quelque relâche afin que je puisse un peu respirer? J'ai péché : que ferai-je pour vous apaiser, ô Sauveur des hommes? Pourquoi m'avez-vous mis dans un état contraire à vous, et ennuyeux à moi-même ? Pourquoi n'ôtez-vous point mon péché, et ne me pardonnez-vous point mon iniquité? Je vais m'endormir dans la poussière du tombeau : et quand vous me chercherez le matin, je ne serai plus le même.

℟. Defecerunt sicut fumus dies mei, et ossa mea sicut cremium aruerunt : * Dies mei sicut umbra declinaverunt. ℣. Quæ est vita nostra ? vapor est ad modicum parens. * Dies mei.

℟. Mes jours se sont évanouis comme la fumée, et mes os se sont séchés comme du bois à demi consumé par le feu ; * Mes jours se sont écoulés comme l'ombre. ℣. Qu'est-ce que notre vie? C'est une vapeur, qui paraît pour un peu de temps. * Mes jours.

II LEÇON. Job. 14.

L'homme né de la femme vit très-peu de temps, et il est rempli de beaucoup de misères. Il naît comme une fleur, qui n'est pas plutôt éclose qu'elle est foulée aux pieds ; il fuit et disparaît comme l'ombre, et il ne demeure jamais dans un même état. Et vous croyez, Seigneur, qu'il soit digne de vous d'ouvrir seulement les yeux sur lui, et de le faire entrer en jugement avec vous ? Qui peut rendre pur celui qui est né d'un sang impur ? N'est-ce pas vous seul qui le pouvez ? Les jours de l'homme sont courts ; le nombre de ses mois et de ses années est entre vos mains ; vous avez marqué les bornes de sa vie, qu'il ne peut passer. Cessez de lui faire sentir le poids de votre colère, afin qu'il ait quelque repos, jusqu'à ce qu'il trouve, comme le mercenaire, la fin désirée de tous ses maux.

℞. Je vous ai beaucoup offensé, Seigneur ; mais * Oubliez, je vous en conjure, l'iniquité de votre serviteur ; parce que je me suis livré à l'égarement de mon cœur. ℣. Mon Dieu, ayez pitié de moi, qui suis un pécheur. * Oubliez.	℞. Peccavi valde ; sed, * Precor, Domine, ut transferas iniquitatem servi tui, quia stulte egi nimis. ℣. Deus, propitius esto mihi peccatori. * Precor, Domine, ut transferas.

III LEÇON. Job. 19.

Mes chairs ont été réduites à rien ; mes os se sont collés à ma peau ; et il ne me reste que les lèvres autour des dents. Ayez pitié de moi, vous au moins qui êtes mes amis ; ayez pitié de moi, après que Dieu m'a frappé d'une telle plaie. Pourquoi me persécutez-vous comme Dieu, et vous plaisez-vous à vous rassasier de ma chair ? Qui m'accordera que mes paroles soient écrites ? Qui m'accordera qu'elles soient tracées dans un livre, et qu'elles soient gravées sur une lame de plomb avec une plume de fer, ou sur une pierre avec le ciseau ? Car je sais que mon Rédempteur est vivant, et que je ressusciterai de la terre au dernier jour ; que je serai encore revêtu de cette peau ; que je verrai mon Dieu dans ma chair ; que je le contemplerai de mes propres yeux. C'est là l'espérance que j'ai, et qui reposera toujours dans mon cœur.

℣. Ad Dominum aspiciam : expectabo Deum, salvatorem meum : consurgam cum sedero in tenebris : * Iram Domini portabo, quoniam peccavi ei. ℟. Flagellat Dominus omnem filium quem recipit. * Iram.

℣. Je jetterai les yeux sur le Seigneur : j'attendrai Dieu mon Sauveur : après avoir langui dans les ténèbres, j'en sortirai : * Je porterai le poids de la colère du Seigneur. ℟. Le Seigneur châtie tous ceux qu'il reçoit au nombre de ses enfants. * Je porterai.

AU II NOCTURNE.

PSAUME 22.

Dominus regit me, et nihil mihi deerit ;* in loco pascuæ ibi me collocavit.

Super aquam refectionis educavit me : * animam meam convertit.

Deduxit me super se-

Le Seigneur est mon pasteur : je ne manquerai de rien ; il m'a placé dans d'excellents pâturages.

Il me conduit à des eaux calmes et tranquilles : il rend la force à mon âme.

Il me fait marcher dans

les sentiers de la justice, pour la gloire de son nom.

Aussi quand je marcherais à travers les ombres de la mort, je ne craindrais rien, parce que vous êtes avec moi, ô mon Dieu!

Votre houlette et votre bâton me rassurent et me consolent.

Vous me préparez une nourriture forte, afin que je résiste aux attaques de mes ennemis.

Vous répandez sur ma tête les parfums les plus exquis; que le vin dont vous remplissez ma coupe est délicieux!

J'ai cette confiance que votre bonté et votre miséricorde m'accompagneront tous les jours de ma vie;

Et que j'habiterai éternellement dans la maison du Seigneur.

Donnez-leur le repos, etc.

Ant. Au milieu des ombres de la mort même, je ne craindrai point, parce que vous êtes avec moi, Seigneur.

mitas justitiæ, * propter nomen suum.

Nam et si ambulavero in medio umbræ mortis, non timebo mala, * quoniam tu mecum es.

Virga tua, et baculus tuus, * ipsa me consolata sunt.

Parasti in conspectu meo mensam, * adversus eos qui tribulant me.

Impinguasti in oleo caput meum, et calix meus inebrians quam præclarus est!

Et misericordia tua subsequetur me * omnibus diebus vitæ meæ;

Et ut inhabitem in domo Domini, * in longitudinem dierum.

Requiem æternam, etc.

Ant. In medio umbræ mortis non timebo mala; quoniam tu mecum es, Domine.

PSAUME 24.

Je tiens mon âme élevée vers vous, Seigneur : je

Ad te Domine, levavi animam meam; * Deus

meus in te confido ; non erubescam.

Neque irrideant me inimici mei : * etenim universi qui sustinent te, non confundentur.

Confundantur omnes iniqua agentes * supervacue.

Vias tuas, Domine, demonstra mihi, * et semitas tuas edoce me.

Dirige me in veritate tua, et doce me ; * quia tu es Deus salvator meus, et te sustinui tota die.

Reminiscere miserationum tuarum, Domine, * et misericordiarum tuarum quæ a seculo sunt.

Delicta juventutis meæ, * et ignorantias meas ne memineris.

Secundum misericordiam tuam memento mei tu, * propter bonitatem tuam, Domine.

Dulcis et rectus Dominus : * propter hoc legem

mets ma confiance en vous, ô mon Dieu ! que je ne sois pas confondu.

Que mes ennemis ne m'insultent point : non, tous ceux qui mettent leur confiance en vous, ne seront point trompés dans leur attente.

Que tous ceux qui me persécutent injustement, tombent dans la confusion.

Seigneur, faites-moi connaître vos voies : enseignez-moi vos sentiers.

Conduisez-moi selon votre vérité, et instruisez-moi ; parce que vous êtes mon Dieu et mon Sauveur, je vous attends pendant tout le jour.

Souvenez-vous de vos miséricordes, Seigneur, de ces miséricordes que vous avez exercées dès le commencement du monde.

Ne vous souvenez pas des égarements de ma jeunesse, ni des infidélités criminelles que j'ai commises depuis.

Mais souvenez-vous de moi selon votre miséricorde, Seigneur, dans la vue de votre bonté.

Le Seigneur est bon et juste : c'est pourquoi il instruit ceux qui s'égarent, et les ramène dans le chemin qu'ils doivent suivre.

Il conduit les humbles dans les sentiers de la justice : il enseigne aux cœurs dociles les voies qui mènent à lui.

Toute la conduite du Seigneur n'est que miséricorde et que vérité pour ceux qui gardent son alliance et ses lois.

Seigneur, pardonnez-moi pour la gloire de votre nom, et remettez-moi mon iniquité ; car elle est grande.

Quel est l'homme qui craint le Seigneur ? Dieu le conduit dans la voie qu'il doit choisir.

Son âme reposera dans l'abondance des biens, et sa race possédera la terre.

Le Seigneur est le soutien de ceux qui le craignent : il leur donne l'intelligence de son alliance.

J'ai toujours les yeux élevés vers le Seigneur ; parce que c'est lui qui me dégagera des piéges de mes ennemis.

Regardez-moi, et ayez pitié de moi ; parce que je suis pauvre et abandonné.

Les détresses dont mon

dabit delinquentibus in via.

Diriget mansuetos in judicio : * docebit mites vias suas.

Universæ viæ Domini, misericordia et veritas * requirentibus testamentum ejus et testimonia ejus.

Propter nomen tuum, Domine, propitiaberis, peccato meo ; * multum est enim.

Quis est homo qui timet Dominum ? * legem statuit ei in via quam elegit.

Anima ejus in bonis demorabitur, * et semen ejus hæreditabit terram.

Firmamentum est Dominus timentibus eum, * et testamentum ipsius ut manifestetur illis.

Oculi mei semper ad Dominum ; * quoniam ipse evellet de laqueo pedes meos.

Respice in me, et miserere mei ; * quia unicus et pauper sum ego.

Tribulationes cordis

mei multiplicatæ sunt : * de necessitatibus meis erue me.

Vide humilitatem meam et laborem meum, * et dimitte universa delicta mea.

Respice inimicos meos, * quoniam multiplicati sunt, * et odio iniquo oderunt me.

Custodi animam meam, et erue me : * non erubescam, quoniam speravi in te.

Innocentes et recti adhæserunt mihi : * quia sustinui te.

Libera, Deus, Israël ex omnibus tribulationibus suis.

Requiem æternam, etc.

Ant. Delicta juventutis meæ, et ignorantias meas ne memineris, Domine.

cœur est serré, se multiplient : délivrez-moi des maux qui me pressent.

Jetez les yeux sur mes humiliations et ma peine, et pardonnez-moi tous mes péchés.

Considérez que le nombre de mes ennemis est grand, et que la haine qu'ils me portent est injuste.

Gardez mon âme, et délivrez-moi : que je ne sois pas confondu, puisque je mets mon espérance en vous.

Les justes et ceux qui ont le cœur droit prennent mon parti, voyant que je vous attends avec confiance.

O mon Dieu, délivrez Israël de toutes les tribulations qui l'accablent.

Donnez-leur le repos, etc.

Ant. Ne vous souvenez pas, Seigneur, des péchés de ma jeunesse, et des fautes que j'ai commises par ignorance.

PSAUME 26.

Dominus illuminatio mea, et salus mea : * quem timebo ?

Dominus protector vitæ meæ : * a quo trepidabo ?

Dum appropiant super

Le Seigneur est ma lumière et mon salut : qui craindrais-je ?

Le Seigneur est le défenseur de ma vie : qui pourrait m'intimider ?

Dans le temps que les

méchants s'armaient pour me dévorer,

Mes persécuteurs et mes ennemis se sont affaiblis, et sont tombés.

Quand une armée ennemie serait autour de moi, mon cœur ne craindrait rien.

Si cette armée venait à m'attaquer, dans le combat même je serais plein de confiance.

J'ai demandé une seule chose au Seigneur, et je la lui demanderai sans cesse : c'est d'habiter tous les jours de ma vie dans sa maison ;

Afin de goûter des délices du Seigneur, et de contempler les beautés de son temple.

Car il me couvrira de l'ombre de son tabernacle : dans les jours d'affliction, il me retirera dans le secret de son temple.

Il me placera sur une roche élevée ; et déjà il m'a rendu supérieur à mes ennemis.

Je lui offrirai dans son temple des sacrifices accompagnés de cris de joie : je chanterai des cantiques à la louange du Seigneur.

Daignez écouter, Sei-

me nocentes, * ut edant carnes meas ;

Qui tribulant me inimici mei, * ipsi infirmati sunt et ceciderunt.

Si consistant adversum me castra, * non timebit cor meum.

Si exurgat adversum me prælium, * in hoc ego sperabo.

Unam petii à Domino, hanc requiram : * ut inhabitem in domo Domini omnibus diebus vitæ meæ ;

Ut videam voluptatem Domini, * et visitem templum ejus.

Quoniam abscondit me in tabernaculo suo : * in die malorum protexit me in abscondito tabernaculi sui.

In petra exaltavit me ; * et nunc exaltavit caput meum super inimicos meos.

Circuivi et immolavi in tabernaculo ejus hostiam vociferationis : * cantabo, et psalmum dicam Domino.

Exaudi, Domine, vocem meam qua clamavi ad te : * miserere mei, et exaudi me.

Tibi dixit cor meum, exquisivit te facies mea ; * faciem tuam, Domine, requiram.

Ne avertas faciem tuam a me : * ne declines in ira a servo tuo.

Adjutor meus esto : ne derelinquas me, * neque despicias me, * Deus salutaris meus ;

Quoniam pater meus et mater mea dereliquerunt me : * Dominus autem assumpsit me.

Legem pone mihi, Domine, in via tua ; et dirige me in semitam rectam propter inimicos meos.

Ne tradideris me in animas tribulantium me ; * quoniam insurrexerunt in me testes iniqui, et mentita est iniquitas sibi.

Credo videre bona Domini * in terra viventium.

Expecta Dominum, viriliter age ; * et confortetur cor tuum, et sustine Dominum.

gneur, les cris que je vous adresse : ayez pitié de moi, et exaucez-moi.

Mon cœur vous parle, mes yeux vous cherchent, Seigneur ; et je ne cesserai pas d'implorer votre secours.

Ne détournez pas votre visage de dessus moi ; et dans votre colère ne vous éloignez pas de votre serviteur.

Soyez toujours mon appui : ne m'abandonnez pas et ne me rejetez pas, ô Dieu mon Sauveur !

Mon père et ma mère m'ont abandonné : mais le Seigneur a pris soin de moi.

Enseignez-moi vos voies, Seigneur ; et conduisez-moi dans un sentier droit, à cause de mes ennemis.

Ne m'abandonnez pas à la fureur de ceux qui me persécutent : de faux témoins se sont élevés contre moi, et ils ont avancé des calomnies.

J'ai une ferme espérance de voir un jour les biens du Seigneur dans la terre des vivants.

O mon âme, attends le Seigneur : demeure ferme, et ne t'abats point : attends le Seigneur avec confiance.

Ant. J'ai une ferme confiance, que je jouirai des biens du Seigneur dans la terre des vivants.

℣. J'ai demandé une seule chose au Seigneur, et je la lui demanderai toujours : ℟. C'est d'habiter dans la maison du Seigneur.

Ant. Credo videre bona Domini in terra viventium.

℣. Unam petii à Domino, hanc requiram : ℟. Ut inhabitem in domo Domini.

IV LEÇON. Job. x, 18.

Pourquoi m'avez-vous tiré du sein de ma mère? Plût à Dieu que j'y fusse mort, et que personne ne m'eût jamais vu! J'aurais été comme n'ayant point été, puisque je n'aurais fait que passer du sein de ma mère dans le tombeau. Ma courte carrière ne finira-t-elle donc pas bientôt? Ah! donnez-moi quelque peu de relâche, Seigneur, afin que je puisse pleurer un peu sur mes douleurs, avant de descendre, sans retour, dans cette terre ténébreuse qu'enveloppe le crêpe funèbre de la mort : cette terre de misère et d'obscurité qu'habite l'ombre de la mort, où tout est sans ordre et dans une éternelle horreur.

℟. Ma vie est exposée à des dangers continuels. * Quand Dieu me l'ôterait, je ne laisserais pas d'espérer en lui, et il sera lui-même mon Sauveur. ℣. Soit que nous vivions, soit que nous mourions, nous appartenons au Sauveur.

℟. Ecce animam meam porto in manibus meis. * Etiamsi occiderit me, in ipso sperabo, et ipse erit Salvator meus. ℣. Sive vivimus, sive morimur, Domini sumus.

* Etiamsi occiderit me, in ipso sperabo, etc.

* Quand Dieu m'ôterait la vie, je ne laisserais pas d'espérer en lui, etc.

v leçon. Job. 13, 23.

Combien de fautes et de péchés ont souillé ma conscience? Faites-moi connaître, Seigneur, mes crimes et mes offenses. Pourquoi me cacher votre visage, et me regarder comme votre ennemi? Vous faites éclater votre puissance contre une feuille que le vent emporte, et vous poursuivez une paille desséchée, car vous portez contre moi d'amers arrêts, et vous voulez me consumer pour les péchés de ma jeunesse. Vous m'avez mis les pieds dans les ceps, vous avez observé tous mes sentiers, et vous avez considéré avec soin les traces de mes pas : moi qui bientôt ne serai que pourriture, et qui deviendrai comme un vêtement mangé des vers.

℣. Hi qui cum pietate dormitionem acceperunt, optimam habent repositam gratiam. * Sancta ergo et salubris est cogitatio pro defunctis exorare, ut a peccatis solvantur. ℣. Si quis superædificat super fundamentum, et opus ejus arserit, detrimentum patietur; ipse autem salvus erit, sic tamen quasi per ignem. * Sancta.

℟. Une grande récompense est réservée à ceux qui sont morts dans la piété. * C'est donc une sainte et salutaire pensée de prier pour les morts, afin qu'ils soient délivrés de leurs ennemis. ℣. Celui qui élèvera l'édifice de son salut sur un fondement solide, et dont l'ouvrage sera consumé par les flammes, en souffrira la perte; mais il ne laissera pas d'être sauvé comme en passant par le feu. * C'est.

OFFICES DES MORTS.

VI leçon. Job. 14, 13.

Qui donc, ô mon Dieu, me pourra procurer cette grâce, que vous me cachiez dans le tombeau et que vous m'y protégiez contre les maux que je souffre, jusqu'à ce que votre fureur soit passée, et que vous me marquiez un temps auquel vous vous souviendrez de moi? Ne pensez-vous pas que l'homme, une fois mort, doit vivre de nouveau? Aussi, dans cette guerre où je me trouve maintenant engagé, j'attends chaque jour avec impatience que mon changement arrive. Alors, Seigneur, vous m'appellerez, et je vous répondrai. Vous tendrez la main droite à l'ouvrage de vos mains. Il est vrai que vous avez compté tous mes pas, mais j'espère en votre miséricorde. Pardonnez-moi mes péchés.

℣. Seigneur tout-puissant, Dieu d'Israël, * Écoutez maintenant la prière des morts d'Israël : oubliez les iniquités de nos pères, et souvenez-vous de votre puissance et de la gloire de votre nom. ℣. Vous avez été mis à mort, Seigneur, et vous nous avez rachetés pour Dieu par votre sang. * Écoutez.

℟. Domine omnipotens, Deus Israel, * Audi nunc orationem mortuorum Israel : noli meminisse iniquitatum patrum nostrorum, sed memento manus tuæ, et nominis tui. ℣. Occisus es, Domine, et redemisti nos Deo in sanguine tuo. * Audi.

AU III NOCTURNE.

PSAUME 38.

Dixi : Custodiam vias meas, * ut non delinquam in lingua mea.

Posui ori meo custodiam, * cum consisteret peccator adversum me.

Obmutui et humiliatus sum, et silui a bonis; * et dolor meus renovatus est.

Concaluit cor meum intra me, et in meditatione mea exardescet ignis; * locutus sum in lingua mea :

Notum fac mihi, Domine, finem meum, et numerum dierum meorum, quis est; * ut sciam quid desit mihi.

Ecce mensurabiles posuisti dies meos; * et substantia mea tanquam nihilum ante te.

Verumtamen universa vanitas, * omnis homo vivens.

J'ai formé la résolution d'être attentif sur moi-même, pour ne point pécher dans mes paroles.

J'ai mis un frein à ma bouche, pendant que les méchants s'élevaient contre moi.

Je me suis tenu dans un humble silence : j'ai supprimé le bien même que j'aurais pu dire; mais ma douleur n'en a été que plus vive.

Mon cœur s'est senti atteint d'une secrète ardeur, et mes réflexions l'ont embrasé; je vous ai dit :

Seigneur, faites-moi connaître ma fin, et quelle est la mesure de mes jours; afin que je sache ce qui m'en reste à passer sur la terre.

Je vois, Seigneur, que vous les avez réduits à une mesure bien petite, et que ma durée n'est devant vous qu'un néant.

Et véritablement tout homme vivant sur la terre n'est que vanité.

Oui, l'homme passe comme l'ombre, et c'est bien en vain qu'il s'agite et qu'il s'inquiète.

Il amasse des trésors, sans savoir pour qui il travaille..

Mais pour moi, qu'est-ce que j'attends? n'est-ce pas le Seigneur? Tout mon trésor est en vous, ô mon Dieu.

Délivrez-moi de tous mes péchés, Seigneur: vous m'avez rendu l'opprobre de l'insensé.

Je suis demeuré muet, et je n'ai pas ouvert la bouche, car tout est arrivé par votre ordre.

Cessez de me frapper: car je suis près de succomber sous la pesanteur de votre main.

Vous punissez l'homme à cause de ses iniquités, et vous réduisez son âme à la faiblesse d'une fragile araignée: certes, c'est bien en vain qu'il s'agite et qu'il s'inquiète.

Écoutez ma prière, Seigneur, et prêtez l'oreille à mes cris: ne soyez pas insensible à mes larmes.

Ne demeurez pas dans le silence, car je suis devant

Verumtamen in imagine pertransit homo; * sed et frustra conturbatur.

Thesaurizat, * et ignorat cui congregabit ea.

Et nunc quæ est expectatio mea? nonne Dominus? * et substantia mea apud te est.

Ab omnibus iniquitatibus meis erue me : * opprobrium insipienti dedisti me.

Obmutui, et non aperui os meum ; * quoniam tu fecisti.

Amove a me plagas tuas : * a fortitudine manus tuæ ego defeci.

In increpationibus propter iniquitatem corripuisti hominem, et tabescere fecisti sicut araneam animam ejus ; * verumtamen vane conturbatur omnis homo.

Exaudi orationem meam, Domine, et deprecationem meam :* auribus percipe lacrymas meas.

Ne sileas, quoniam advena ego sum apud te et

peregrinus, * sicut omnes patres mei.

Remitte mihi ut refrigerer, priusquam abeam; * et amplius non ero.

Requiem æternam, etc.
Ant. Amove a me plagas tuas, Domine : auribus percipe lacrymas meas.

vous un étranger et un voyageur, comme l'ont été mes pères.

Donnez-moi du relâche, afin que je goûte quelque tranquillité avant mon départ, avant que je cesse de vivre.

Donnez-leur le repos, etc.
Ant. Cessez de me frapper, Seigneur, et ne soyez pas insensible à mes larmes.

PSAUME 40.

Beatus qui intelligit super egenum et pauperem; * in die mala liberabit eum Dominus.

Dominus conservet eum, et vivificet eum; et beatum faciat eum in terra, * et non tradat eum in animam inimicorum ejus.

Dominus opem ferat illi super lectum doloris ejus : * universum stratum ejus versasti in infirmitate ejus.

Ego dixi : Domine, miserere mei : * sana animam meam, quia peccavi tibi.

Inimici mei dixerunt

Heureux celui qui est attentif sur les besoins du pauvre et de l'indigent! le Seigneur le délivrera au jour de l'affliction.

Le Seigneur le gardera, et lui conservera la vie : il le rendra heureux sur la terre, et il ne l'abandonnera pas à la fureur de ses ennemis.

Le Seigneur le secourra lorsqu'il sera sur le lit de douleur : oui, mon Dieu, vous remuerez vous-même son lit pour le soulager.

Je vous ai dit : Seigneur, ayez pitié de moi : guérissez mon âme, car j'ai péché contre vous.

Mes ennemis font des imprécations contre moi, et ils disent : Quand mourra-t-il ? quand sa mémoire périra-t-elle ?

Lorsque quelqu'un d'eux me vient voir, il me fait mille souhaits trompeurs, pendant qu'il médite dans son cœur quelque nouvelle iniquité.

Dès qu'il est sorti, il la fait éclater dans ses discours.

Tous ceux qui me haïssent s'entretiennent de moi en secret : ils forment la résolution de me faire mourir.

Dans le dessein de me perdre, ils ont recours à la calomnie : mais celui qui dort, ne pourra-t-il donc pas ressusciter ?

Celui-là même qui m'était si uni, en qui j'avais tant de confiance, et qui mangeait à ma table, a fait éclater contre moi sa trahison.

Mais vous, Seigneur, ayez pitié de moi : ressuscitez-moi, et je leur rendrai ce qu'ils méritent.

J'ai reconnu que vous aviez mis votre complaisance en moi, en ce que je n'ai point été un sujet de joie à mes ennemis.

Vous m'avez soutenu à cause de mon innocence, et

mala mihi : * Quando morietur, et peribit nomen ejus ?

Et si ingrediebatur ut videret, vana loquebatur : * cor ejus congregavit iniquitatem sibi.

Egrediebatur foras, * et loquebatur in idipsum.

Adversum me susurrabant omnes inimici mei : * adversum me cogitabant mala mihi.

Verbum iniquum constituerunt adversum me : * numquid qui dormit, non adjiciet ut resurgat ?

Etenim homo pacis meæ in quo speravi, qui edebat panes meos, * magnificavit super me supplantationem.

Tu autem, Domine, miserere mei, et resuscita me ; * et retribuam eis.

In hoc cognovi quoniam voluisti me, * quoniam non gaudebit inimicus meus super me.

Me autem propter innocentiam suscepisti ; * et

confirmasti me in conspectu tuo in æternum.

Benedictus Dominus Deus Israël a seculo, et usque in seculum : * fiat, fiat.

Requiem æternam, etc.

Ant. Numquid qui dormit, non adjiciet ut resurgat ? Domine miserere mei, et resuscita me.

vous m'avez affermi en votre présence pour jamais.

Que le Seigneur le Dieu d'Israël soit béni dans la suite de tous les siècles ; amen, amen.

Donnez-leur le repos, etc.

Ant. Celui qui dort, ne pourra-t-il pas ressusciter ? Ayez pitié de moi, Seigneur, et ressuscitez-moi.

PSAUME 41.

Quemadmodum desiderat cervus ad fontes aquarum, * ita desiderat anima mea ad te, Deus.

Sitivit anima mea ad Deum fortem, vivum : * quando veniam et apparebo ante faciem Dei ?

Fuerunt mihi lacrymæ meæ panes die ac nocte, * dum dicitur mihi quotidie : Ubi est Deus tuus ?

Hæc recordatus sum ? et effudi in me animam meam ; * quoniam transibo in locum tabernaculi admirabilis, usque ad domum Dei,

In voce exultationis et

Comme le cerf altéré soupire avec ardeur après les eaux des torrents, ainsi mon âme soupire après vous, ô mon Dieu !

Mon âme brûle d'une soif ardente pour le Dieu fort, le Dieu vivant : quand irai-je me présenter devant lui ?

Mes larmes me tiennent lieu de nourriture le jour et la nuit, pendant qu'on m'insulte en me disant à toute heure : Où est votre Dieu ?

Dans ma douleur, je me suis consolé en me disant à moi-même : J'entrerai dans le tabernacle du Seigneur, dans la maison de Dieu même,

Parmi les cris d'allégresse

et les chants d'actions de grâces, semblables aux cris de joie d'un peuple assemblé pour les solennités.

O mon âme, pourquoi donc êtes-vous triste, et pourquoi me troublez-vous?

Espérez en Dieu, car je lui rendrai encore des actions de grâces : il est mon Sauveur, il est mon Dieu.

Mon âme est abattue et troublée, et c'est cela même qui me porte à me souvenir de vous, ô mon Dieu, dans la terre du Jourdain et d'Hermon.

Un abîme en appelle un autre : vous avez fait pleuvoir sur ma tête un déluge de maux.

Tous les flots et tous les orages de votre colère fondent sur moi.

Le Seigneur nous fera enfin sentir les effets de sa miséricorde : et cependant je m'occuperai de ses louanges durant le temps d'affliction.

J'offrirai des prières à Dieu, qui est l'auteur de ma vie; je dirai à Dieu : Vous êtes mon protecteur.

Pourquoi m'oubliez-vous? pourquoi me laissez-

confessionis, *sonus epulantis.

Quare tristis es, anima mea? * et quare conturbas me?

Spera in Deo, quoniam adhuc confitebor illi : * salutare vultus mei, et Deus meus.

Ad me ipsum anima mea conturbata est; propterea memor ero tui de terra Jordanis et Hermoniim a monte modico.

Abyssus abyssum invocat, * in voce cataractarum tuarum.

Omnia excelsa tua et fluctus tui * super me transierunt.

In die mandavit Dominus misericordiam suam, * et nocte canticum ejus.

Apud me oratio Deo vitæ meæ : * dicam Deo : Susceptor meus es.

Quare oblitus es mei, et quare contristatus incedo, * dum affligit me inimicus ?

Dum confringuntur ossa mea, * exprobraverunt mihi, qui tribulant me inimici mei ;

Dum dicunt mihi per singulos dies : * Ubi est Deus tuus ?

Quare tristis es, anima mea ? * et quare conturbas me ?

Spera in Deo, quoniam adhuc confitebor illi : * salutare vultus mei, et Deus meus.

Requiem æternam, etc.

Ant. Sitivit anima mea ad Deum fortem, vivum : quando veniam et apparebo ante faciem Dei ?

℣. Quare tristis es, anima mea ? et quare conturbas me ? ℟. Spera in Deo; quoniam adhuc confitebor illi.

vous dans le deuil et l'affliction, sous l'oppression de mes ennemis ?

Je me sens percé jusque dans les os, lorsque mes persécuteurs et mes ennemis m'accablent de reproches ;

En me disant à toute heure avec insulte : Où est votre Dieu ?

Mais, ô mon âme, pourquoi êtes-vous triste ? et pourquoi me troublez-vous ?

Espérez en Dieu, car je lui rendrai encore des actions de grâces : il est mon Sauveur, il est mon Dieu.

Donnez-leur le repos, etc.

Ant. Mon âme brûle d'une soif ardente pour le Dieu fort, le Dieu vivant : quand irai-je me présenter devant lui ?

℣. Pourquoi êtes-vous triste, ô mon âme, et pourquoi me troublez-vous ? ℟. Espérez en Dieu, car je le louerai encore.

VII LEÇON,

Tirée de la première Épître de l'Apôtre saint Paul aux Corinthiens, chap. 15.

Puisque l'on vous a prêché que Jésus-Christ est ressuscité d'entre les morts, comment se trouve-t-il parmi vous des personnes qui osent dire que les morts ne ressuscitent point ? Que si les morts ne ressuscitent point, Jésus-Christ n'est donc point ressuscité. Et si Jésus-Christ n'est point ressuscité, notre prédication est vaine, et votre foi est vaine aussi. Nous serons même convaincus d'avoir été de faux témoins à l'égard de Dieu, puisque nous avons rendu témoignage contre Dieu même, en disant qu'il a ressuscité Jésus-Christ, qu'il n'aurait pas néanmoins ressuscité, si les morts ne ressuscitaient pas. Car si les morts ne ressuscitent point, Jésus-Christ n'est point ressuscité. Que si Jésus-Christ n'est point ressuscité, votre foi est donc vaine ; vous êtes encore engagés dans vos péchés. Ceux qui sont morts en Jésus-Christ, sont donc péris sans ressource. Si nous n'avions d'espérance en Jésus-Christ que pour cette vie, nous serions les plus misérables de tous les hommes. Mais maintenant Jésus-Christ est ressuscité d'entre les morts, et il est devenu les prémices de ceux qui dorment. Ainsi, parce que la mort est venue par un homme, la résurrection des morts doit venir aussi par un homme : et comme tous meurent en Adam, tous vivront aussi en Jésus.

℟. Je sais que mon Rédempteur est vivant, et qu'au dernier jour je ressusciterai de la terre : * Je sais que je serai revêtu de ma chair, et que je verrai mon Dieu. ℣. Il faut que ce corps corruptible soit revêtu de l'incorruptibilité,

℟. Scio quod Redemptor meus vivit, et in novissimo die de terra surrecturus sum, * Et in carne mea videbo Deum meum. ℣. Oportet corruptibile hoc induere incorruptionem, et mortale hoc induere immortalitatem. * Et in carne. | et que ce corps mortel soit revêtu de l'immortalité. * Je sais.

VIII LEÇON.

Mais, me dira quelqu'un, en quelle manière les morts ressusciteront-ils, et quel sera le corps dans lequel ils reviendront? Insensé que vous êtes, ne voyez-vous pas que ce que vous semez ne prend point de vie, s'il ne meurt auparavant? Et quand vous semez, vous ne semez pas le corps de la plante qui doit naître, mais la graine seulement, comme du blé, ou de quelque autre chose. Mais Dieu lui donne un corps tel qu'il lui plaît, et il donne à chaque semence le corps qui est propre à chaque plante. Toute chair n'est pas la même chair; mais autre est la chair des hommes, autre la chair des bêtes, autre celle des oiseaux, autre celle des poissons. Il y a aussi des corps célestes et des corps terrestres; mais les corps célestes ont un autre éclat que les corps terrestres. Le soleil a son éclat, la lune le sien, et les étoiles le leur; et entre les étoiles, l'une est plus éclatante que l'autre. Il en arrivera de même dans la résurrection des morts. Le corps maintenant, comme une semence, est mis en terre plein de corruption, et il ressuscitera incorruptible. Il est mis en terre tout difforme, et il ressuscitera tout glorieux. Il est mis en terre privé de mouvement, et il ressuscitera plein de vigueur; il est mis en terre comme un corps tout animal, et il ressuscitera comme un corps tout spirituel.

℟. Ceux qui dorment dans la poussière de la terre se réveilleront, les uns pour la vie éternelle, et les autres pour un opprobre éternel, qu'ils auront toujours devant les yeux. ℣. Nous ressusciterons tous ; mais nous ne serons pas tous changés. ℟. Ceux qui dorment.

℟. Qui dormiunt in terræ pulvere, * Evigilabunt ; alii in vitam æternam ; et alii in opprobrium, ut videant semper. ℣. Omnes quidem resurgemus, sed non omnes immutabimur. * Evigilabunt.

IX LEÇON.

Voici un mystère que je m'en vais vous dire. Nous ressusciterons tous, mais nous ne serons pas tous changés. Cela se fera en un moment, en un clin d'œil, au son de la dernière trompette, car la trompette sonnera, et les morts ressusciteront en un état incorruptible, et alors nous serons changés. Car il faut que ce corps corruptible soit revêtu de l'incorruptibilité. Et quand ce corps mortel aura été revêtu de l'immortalité, alors cette parole de l'Écriture sera accomplie : La mort a été absorbée par une entière victoire. O mort, où est ta victoire ? ô mort, où est ton aiguillon ? Or, le péché est l'aiguillon de la mort, et la loi est la force du péché. C'est pourquoi rendons grâces à Dieu, qui nous donne la victoire par Notre Seigneur Jésus-Christ. Ainsi, mes chers frères, demeurez fermes et inébranlables, et travaillez sans cesse de plus en plus à l'œuvre de Dieu, sachant que votre travail ne sera pas sans récompense en Notre-Seigneur.

℟. Libera me, Domine, ab iis qui oderunt me : non absorbeat me profundum, neque urgeat super me puteus os suum : * Exaudi me, quoniam benigna est misericordia tua : intende animæ meæ, et libera eam.

℣. Domine Deus, rex seculorum, solus pius es : * Exaudi me : quoniam benigna est misericordia tua : intende animæ meæ, et libera eam.

℣. Miserere mei, Domine, fili David : Domine, adjuva me : * Benigna est misericordia tua : intende animæ meæ, et libera eam.

℣. Proposuit te Deus propitiationem per fidem, propter remissionem delictorum : * Intende animæ meæ, et libera eam.

℟. Délivrez-moi, Seigneur, de ceux qui me haïssent : que je ne sois point englouti dans l'abîme, et que le puits où l'on me jette ne se ferme pas sur moi : * Exaucez-moi, Seigneur, dont la bonté est toujours prête à pardonner : prenez soin de mon âme, et délivrez-la.

℣. Seigneur Dieu, roi de tous les siècles, vous êtes seul plein de bonté : * Exaucez-moi, Seigneur, dont la miséricorde est toujours prête à pardonner : prenez soin de mon âme, et délivrez-la.

℣. Seigneur, fils de David, ayez pitié de moi : Seigneur, secourez-moi : * Votre miséricorde est toujours prête à pardonner : prenez soin de mon âme, et délivrez-la.

℣. Dieu vous a établi la victime de propitiation, pour remettre les péchés de ceux qui croiraient en vous par la foi : * Prenez soin de mon âme, et délivrez-la.

On répète Libera me, etc., jusqu'au premier verset.

[Quand les Vigiles se disent le matin, on omet ce qui suit, et on commence Laudes aussitôt après le ℟.]

℣. Requiem æternam, etc. ℟. Et lux, etc.

℣. Requiescant in pace. ℟. Amen.

A LAUDES.

PSAUME 50.

Ayez pitié de moi, mon Dieu, selon l'étendue de votre miséricorde.

Et effacez mon iniquité, selon la grandeur et la multitude de vos bontés.

Lavez-moi de mon iniquité de plus en plus, et purifiez-moi de mon péché.

Car je reconnais mon iniquité, et ma faute est toujours présente à mes yeux.

C'est contre vous seul que j'ai péché : j'ai commis le mal en votre présence ; pardonnez-moi, afin que vous soyez reconnu fidèle dans vos promesses, et irréprochable dans vos jugements.

Vous savez que j'ai été engendré dans l'iniquité, et que ma mère m'a conçu dans le péché.

Miserere mei, Deus, * secundum magnam misericordiam tuam.

Et secundum multitudinem miserationum tuarum, * dele iniquitatem meam.

Amplius lava me ab iniquitate mea, * et a peccato meo munda me.

Quoniam iniquitatem meam ego cognosco, * et peccatum meum contra me est semper.

Tibi soli peccavi, et malum coram te feci ; * ut justificeris in sermonibus tuis, et vincas, cum judicaris.

Ecce enim in iniquitatibus conceptus sum : * et in peccatis concepit me mater mea.

Ecce enim veritatem dilexisti : * incerta et occulta sapientiæ tuæ manifestasti mihi.

Asperges me hyssopo, et mundabor : * lavabis me, et super nivem dealbabor.

Auditui meo dabis gaudium et lætitiam ; * et exultabunt ossa humiliata.

Averte faciem tuam a peccatis meis, * et omnes iniquitates meas dele.

Cor mundum crea in me, Deus ; * et spiritum rectum innova in visceribus meis.

Ne projicias me a facie tua : * et Spiritum sanctum tuum ne auferas a me.

Redde mihi lætitiam salutaris tui, * et Spiritu principali confirma me.

Docebo iniquos vias tuas ; * et impii ad te convertentur.

Libera me de sanguinibus, Deus, Deus salutis meæ ; * et exultabit

Vous aimez la vérité, Seigneur, et vous m'avez instruit des mystères de votre sagesse.

Purifiez-moi donc avec l'hysope : et alors je serai pur : lavez-moi, et je deviendrai plus blanc que la neige.

Faites-moi entendre une parole de consolation et de joie; et mes os, que vous avez brisés, tressailliront d'allégresse.

Détournez vos yeux pour ne plus voir mes offenses, et effacez tous mes péchés.

Créez en moi un cœur pur, ô mon Dieu, et renouvelez au fond de mes entrailles l'esprit de droiture et de justice.

Ne me rejetez pas de votre présence, et ne retirez pas de moi votre Esprit saint.

Rendez-moi la joie de votre assistance salutaire, et fortifiez-moi par votre Esprit souverain.

J'apprendrai vos voies aux pécheurs, et les impies se convertiront à vous.

O Dieu, ô Dieu mon Sauveur, délivrez-moi des peines que méritent mes actions sanguinaires, et ma langue publiera avec joie votre justice.

Seigneur, vous ouvrirez mes lèvres; et ma bouche annoncera vos louanges.

Si vous aimiez les sacrifices, je vous en offrirais : mais les holocaustes ne sont pas ce que vous demandez.

Le sacrifice que Dieu demande est un esprit pénétré de douleur : vous ne mépriserez pas, ô mon Dieu, un cœur contrit et humilié.

Par un effet de votre bonté, Seigneur, répandez vos bénédictions sur Sion, et bâtissez les murs de Jérusalem.

Vous agréerez alors les sacrifices de justice, les offrandes et les holocaustes : alors on vous offrira des victimes d'actions de grâces sur votre autel.

Donnez-leur le repos, etc.

Ant. Effacez mon iniquité, ô mon Dieu, selon la grandeur et la multitude de vos bontés.

lingua mea justitiam tuam.

Domine, labia mea aperies; * et os meum annuntiabit laudem tuam.

Quoniam si voluisses sacrificium, dedissem utique : * holocaustis non delectaberis.

Sacrificium Deo spiritus contribulatus : * cor contritum et humiliatum, Deus, non despicies.

Benigne fac, Domine, in bona voluntate tua Sion, * ut ædificentur muri Jerusalem.

Tunc acceptabis sacrificium justitiæ, oblationes et holocausta : * tunc imponent super altare tuum vitulos.

Requiem æternam, etc.

Ant. Secundum multitudinem miserationum tuarum dele iniquitatem meam.

PSAUME 64.

C'est dans Sion qu'il convient de vous louer, ô mon

Te decet hymnus, Deus, in Sion; * et tibi reddetur

votum in Jerusalem.

Exaudi orationem meam : * ad te omnis caro veniet.

Verba iniquorum prævaluerunt super nos ; * et impietatibus nostris tu propitiaberis.

Beatus quem elegisti et assumpsisti , * inhabitabit in atriis tuis.

Replebimur in bonis domus tuæ : * sanctum est templum tuum, mirabile in æquitate.

Exaudi nos, Deus salutaris noster, * spes omnium finium terræ, et in mari longe.

Præparans montes in virtute tua, accinctus potentia : * qui conturbas profundum maris, sonum fluctuum ejus.

Turbabuntur gentes, et timebunt qui habitant terminos a signis tuis : *

Dieu ! c'est dans Jérusalem qu'il faut vous offrir des vœux.

Vous y exaucerez les prières, et tous les hommes de la terre viendront vous y adorer.

Nous sommes accablés de la multitude de nos péchés ; mais vous nous pardonnerez nos offenses.

Heureux celui que vous choisissez, et que vous prenez à votre service : il habitera dans votre saint temple.

Nous serons rassasiés des biens de votre maison : votre temple est saint ; c'est le séjour de l'équité.

Exaucez-nous , ô Dieu notre Sauveur , vous qui êtes l'espérance des extrémités les plus reculées de la terre et de la mer.

C'est par votre puissance que les montagnes ont été affermies : vous êtes armé de force : vous soulevez la mer jusque dans ses plus profonds abîmes : vous en agitez les flots avec un bruit effroyable.

Vos merveilles et vos prodiges répandent l'étonnement et la crainte parmi les nations les plus reculées : l'Orient et l'Occident publient votre puissance et vos bontés.

Vous visitez la terre, et vous la nourrissez de vos pluies abondantes : vous la comblez de vos dons.

Vous remplissez d'eau les ruisseaux et les fleuves, et vous préparez la terre, afin qu'elle fournisse à ses habitants de quoi les nourrir.

Vous abreuvez ses sillons; vous multipliez tout ce qu'elle renferme dans son sein, et elle a la joie de voir pousser ses fruits.

Vous répandez vos bénédictions sur tout le cours de l'année, et les plaines sont remplies de vos biens.

Les déserts deviennent gras et fertiles, et les coteaux tressaillent de joie.

Les troupeaux se multiplient dans les plaines, les vallées sont couvertes de froment, et l'on n'entend partout que des cris de joie et des chants d'allégresse.

Donnez-leur le repos, etc.

Ant. Exaucez ma prière, ô mon Dieu! tous comparaîtront devant vous.

exitus matutini et vespere delectabis.

Visitasti terram, et inebriasti eam : * multiplicasti locupletare eam.

Flumen Dei repletum est aquis : * parasti cibum illorum, quoniam ita est præparatio ejus.

Rivos ejus inebria, multiplica genimina ejus: * in stillicidiis ejus lætabitur germinans.

Benedices coronæ anni benignitatis tuæ, * et campi tui replebuntur ubertate.

Pinguescent speciosa deserti, * et exultatione colles accingentur.

Induti sunt arietes ovium, et valles abundabunt frumento * : clamabunt; etenim hymnum dicent.

Requiem æternam, etc.

Ant. Exaudi, Deus, orationem meam : ad te omnis caro veniet.

PSAUME 142.

Domine, exaudi orationem meam : * auribus percipe obsecrationem meam in veritate tua : exaudi me in tua justitia.

Et non intres in judicium cum servo tuo ; * quia non justificabitur in conspectu tuo omnis vivens.

Quia persecutus est inimicus animam meam : * humiliavit in terra vitam meam.

Collocavit me in obscuris sicut mortuos seculi ; * et anxiatus est super me spiritus meus : in me turbatum est cor meum.

Memor fui dierum antiquorum : meditatus sum in omnibus operibus tuis : * in factis manuum tuarum meditabar.

Expandi manus meas ad te : * anima mea sicut terra sine aqua tibi.

Velociter exaudi me, Domine : * defecit spiritus meus.

Seigneur, écoutez ma prière : prêtez l'oreille à mon humble demande, selon votre promesse ; exaucez-moi selon votre justice.

Mais n'entrez point en jugement avec votre serviteur ; parce que nul homme vivant ne sera trouvé innocent devant vous.

L'ennemi me poursuit pour m'ôter la vie : déjà il m'a renversé par terre.

Il m'a obligé de demeurer dans des lieux obscurs, comme ceux qui sont morts depuis longtemps : mon esprit est dans la détresse, et mon cœur est saisi de trouble et d'effroi.

Je rappelle le souvenir des jours anciens : je repasse dans mon esprit toutes vos merveilles : je médite sur les œuvres de votre puissance.

J'élève les mains vers vous, et mon âme vous attend comme une terre sèche attend la pluie.

Seigneur, hâtez-vous de m'exaucer ; car mon esprit tombe dans la défaillance.

Ne détournez pas de moi votre visage; autrement je deviendrais semblable à ceux qui descendent dans le tombeau.

Faites-moi entendre dès le matin la voix de votre miséricorde ; parce que j'ai mis en vous mon espérance.

Faites-moi connaître la voie par laquelle je dois marcher ; parce que je tiens mon âme élevée vers vous.

Délivrez-moi de mes ennemis, Seigneur, puisque j'ai recours à vous : enseignez-moi à faire votre volonté, car vous êtes mon Dieu.

Que votre esprit plein de bonté me conduise par un chemin droit : Seigneur, faites-moi vivre selon les règles de votre justice, pour la gloire de votre nom.

Tirez mon âme de l'affliction, et que votre bonté pour moi ôte à mes ennemis le pouvoir et la volonté de me nuire.

Confondez les desseins de tous ceux qui affligent mon âme, parce que je suis votre serviteur.

Ant. Vous me ferez vivre

Non avertas faciem tuam a me ; * et similis ero descendentibus in lacum.

Auditam fac mihi mane misericordiam tuam ; * quia in te speravi.

Notam fac mihi viam, in qua ambulem ; * quia ad te levavi animam meam.

Eripe me de inimicis meis, Domine; ad te confugi : * doce me facere voluntatem tuam, quia Deus meus es tu.

Spiritus tuus bonus deducet me in terram rectam : * propter nomen tuum, Domine, vivificabis me in æquitate tua.

Educes de tribulatione animam meam ; * et in misericordia tua disperdes inimicos meos.

Et perdes omnes qui tribulant animam meam; * quoniam ego servus tuus sum.

Ant. Propter nomen

17

tuum, Domine, vivifi-cabis me. | éternellement, Seigneur, pour la gloire de votre nom.

CANTIQUE. Baruch. 3.

Domine omnipotens, Deus Israël, * anima in angustiis, et spiritus anxius clamat ad te.

Seigneur tout-puissant, Dieu d'Israël, l'âme, dans la douleur qui la presse, et l'esprit, dans l'inquiétude qui l'agite, crie vers vous.

Audi, Domine, et miserere; quia Deus es misericors : * et miserere nostri, quia peccavimus ante te.

Ecoutez-nous, Seigneur, et ayez pitié de nous, parce que vous êtes un Dieu compatissant : faites-nous miséricorde, parce que nous avons péché en votre présence.

Quia tu sedes in sempiternum ; * et nos peribimus in ævum?

Seigneur, qui subsistez éternellement dans une paix souveraine, souffrirez-vous que nous périssions pour jamais?

Domine omnipotens, Deus Israël, * audi nunc orationem mortuorum Israël,
Et filiorum ipsorum qui peccaverunt ante te, et non audierunt vocem Domini Dei sui, * et agglutinata sunt nobis mala.

Seigneur tout-puissant, Dieu d'Israël, écoutez maintenant la prière des morts d'Israël :
Ecoutez les vœux des enfants de ceux qui ont péché devant vous, et qui, n'ayant point écouté la voix du Seigneur leur Dieu, nous ont attiré les maux qui nous accablent.

Noli meminisse iniquitatum patrum nostrorum; * sed memento manus

Daignez oublier, Seigneur, les iniquités de nos pères, et ne vous souvenez aujourd'hui que de votre main toute-puissante, et de la gloire de votre saint nom.

Car vous êtes le Seigneur notre Dieu; et nous vous louerons éternellement, Seigneur.

Ant. Faites-nous miséricorde, Seigneur, parce que nous avons péché en votre présence.

tuæ, et nominis tui in tempore isto.

Quia tu es Dominus Deus noster; * et laudabimus te, Domine.

Ant. Miserere nostri, Domine; quia peccavimus ante te.

PSAUME 150.

Louez la sainteté du Seigneur: louez sa magnificence, qui brille dans le firmament.

Louez les effets de sa puissance; louez sa grandeur infinie.

Louez-le au son des trompettes; chantez ses louanges sur la harpe et sur la lyre.

Louez-le avec des tambours et des concerts de musiciens; louez-le sur la viole et sur le luth.

Louez-le sur les cymbales harmonieuses, sur les cymbales claires et résonnantes. Que tout ce qui respire loue le Seigneur.

Donnez-leur le repos, etc.

Laudate Dominum in sanctis ejus; * laudate eum in firmamento virtutis ejus.

Laudate eum in virtutibus ejus; * laudate eum secundum multitudinem magnitudinis ejus.

Laudate eum in sono tubæ; laudate eum in psalterio et cithara.

Laudate eum in tympano et choro; * laudate eum in chordis et organo.

Laudate eum in cymbalis benesonantibus; laudate eum in cymbalis jubilationis * omnis spiritus laudet Dominum.

Requiem æternam, etc.

Ant. Omnis spiritus laudet Dominum.	*Ant.* Que tout ce qui respire loue le Seigneur.

CANTIQUE DE ZACHARIE. Luc. I.

Benedictus Dominus Deus Israël, * quia visitavit, et fecit redemptionem plebis suæ ;	Béni soit le Seigneur, le Dieu d'Israël, de ce qu'il a visité et racheté son peuple,
Et erexit cornu salutis nobis * in domo David pueri sui,	De ce qu'il nous a suscité un puissant Sauveur dans la maison de David son serviteur,
Sicut locutus est per os sanctorum, * qui a seculo sunt, Prophetarum ejus,	Selon la promesse qu'il avait faite par la bouche de ses saints Prophètes qui ont été dans les siècles passés,
Salutem ex inimicis nostris, * et de manu omnium qui oderunt nos :	De nous délivrer des mains de nos ennemis, et de tous ceux qui nous haïssent :
Ad faciendam misericordiam cum patribus nostris, * et memorari testamenti sui sancti,	En usant de miséricorde envers nos pères, et en se souvenant de son alliance sainte,
Jusjurandum quod juravit ad Abraham patrem nostrum, * daturum se nobis,	Et du serment par lequel il a promis à Abraham notre père, qu'il nous ferait cette grâce,
Ut sine timore, de manu inimicorum nostrorum liberati, * serviamus illi,	Qu'étant délivrés de la puissance de nos ennemis, nous le servirions sans crainte,
In sanctitate et justitia coram ipso, * omnibus diebus nostris.	Marchant en sa présence dans la sainteté et dans la justice tous les jours de notre vie.

OFFICES DES MORTS.

Et vous, petit enfant, vous serez appelé le Prophète du Très-Haut : car vous irez devant le Seigneur pour lui préparer les voies,

Pour donner à son peuple la connaissance du salut, afin qu'il obtienne la rémission de ses péchés,

Par les entrailles de la miséricorde de notre Dieu, par lesquelles ce soleil levant est venu d'en haut nous visiter ;

Pour éclairer ceux qui habitent dans les ténèbres et dans l'ombre de la mort, et pour conduire nos pas dans le chemin de la paix.

Donnez-leur le repos, etc.

Ant. Je suis la résurrection et la vie : celui qui croit en moi vivra, quand même il serait mort : et quiconque vit et croit en moi, ne mourra point de la mort éternelle.

Et tu, puer, Propheta Altissimi vocaberis : * præibis enim ante faciem Domini parare vias ejus ;

Ad dandam scientiam salutis plebi ejus, * in remissionem peccatorum eorum,

Per viscera misericordiæ Dei nostri, * in quibus visitavit nos oriens ex alto ;

Illuminare his qui in tenebris et in umbra mortis sedent, * ad dirigendos pedes nostros in viam pacis.

Requiem æternam, etc.

Ant. Ego sum resurrectio et vita : qui credit in me, etiam si mortuus fuerit, vivet : et omnis qui vivit et credit in me, non morietur in æternum.

Pater noster. ℣. Et ne nos inducas.

℣. La mémoire des justes sera éternelle. ℟. Ils ne craindront point qu'elle soit ternie par des discours injurieux.

℣. Seigneur, délivrez leurs âmes ℟. Des portes de l'enfer.

℣. In memoria æterna erunt justi. ℟. Ad auditione mala non timebunt.

℣. A porta inferi, ℟. Erue, Domine, animas eorum.

17.

℣. Credo videre bona Domini ℟. In terra viventium.

℣. J'ai une ferme confiance que je jouirai des biens du Seigneur ℟. Dans la terre des vivants.

PSAUME 129.

De profundis clamavi ad te, Domine : * Domine, exaudi vocem meam.

Fiant aures tuæ intendentes * in vocem deprecationis meæ.

Si iniquitates observaveris, Domine ; * Domine, quis sustinebit ?

Quia apud te propitiatio est, * et propter legem tuam sustinui te, Domine.

Sustinuit anima mea in verbo ejus : * speravit anima mea in Domino.

A custodia matutina usque ad noctem * speret Israël in Domino.

Quia apud Dominum misericordia, * et copiosa apud eum redemptio.

Et ipse redimet Israël ex omnibus iniquitatibus ejus.

Requiem æternam do-

Du fond de l'abîme, Seigneur, je pousse des cris vers vous : Seigneur, écoutez ma voix.

Que vos oreilles soient attentives à la voix de ma prière.

Si vous tenez un compte exact des iniquités, ô mon Dieu, qui pourra, Seigneur, subsister devant vous ?

Mais vous êtes plein de miséricorde ; et j'espère en vous, Seigneur, à cause de votre loi.

Mon âme attend l'effet de vos promesses : mon âme a mis toute sa confiance dans le Seigneur.

Que, depuis le matin jusqu'au soir, Israël espère au Seigneur.

Car le Seigneur est rempli de bonté ; et la rédemption qu'il nous a préparée est abondante.

C'est lui qui rachètera Israël de toutes ses iniquités.

Donnez-leur, Seigneur,

OFFICES DES MORTS.

le repos éternel ; et faites luire sur eux votre éternelle lumière.

℣. Qu'ils reposent en paix.
℟. Ainsi soit-il.

℣. Seigneur, exaucez ma prière ; ℟. Et que mes cris pénètrent jusqu'à vous.

℣. Que le Seigneur soit avec vous, ℟. Et avec votre esprit.

na eis, Domine ; * et lux perpetua luceat eis.

℣. Requiescant in pace.
℟. Amen.

℣. Domine, exaudi orationem meam ; ℟. Et clamor meus ad te veniat.

℣. Dominus vobiscum,
℟. Et cum spiritu tuo.

Prions.

O Dieu, qui êtes le Créateur et le Rédempteur de tous les fidèles : accordez aux âmes de vos serviteurs et de vos servantes la rémission de tous leurs péchés ; afin qu'elles obtiennent, par les très-humbles prières de votre Église, le pardon qu'elles ont toujours attendu de votre miséricorde ; Vous qui étant Dieu vivez et régnez.

Oremus.

Fidelium, Deus, omnium Conditor et Redemptor, animabus famulorum famularumque tuarum remissionem cunctorum tribue peccatorum ; ut indulgentiam quam semper optaverunt, piis supplicationibus consequantur ; Qui vivis et regnas cum Deo Patre.

Durant la procession qui se fait autour des tombeaux, on chante le *Libera* qui se trouve à la page 186 de ce volume. Au retour de la procession, on chante la sainte Messe.

MESSE

DU JOUR DE

LA COMMÉMORATION DES MORTS.

INTROÏT. PS. 73.

Respice, Domine, in testamentum tuum : ne tradas bestiis animas confitentes tibi, et animas pauperum tuorum ne obliviscaris in finem. *Ps.* Ut quid, Deus, repulisti in finem? * iratus est furor tuus super oves pascuæ tuæ? ℣. Requiem æternam dona eis, Domine; * et lux perpetua luceat eis. Respice, Domine, in testamentum tuum.

Ayez égard à votre alliance, Seigneur : ne livrez pas à la fureur des bêtes cruelles les âmes qui bénissent votre nom; et n'oubliez pas pour toujours les âmes de vos pauvres. *Ps.* Pourquoi nous rejetez-vous, ô Dieu? Sera-ce pour toujours? Pourquoi votre colère est-elle allumée contre les brebis de votre troupeau? ℣. Donnez-leur, Seigneur, le repos éternel; et faites luire sur eux cette lumière qui ne s'éteint jamais. Ayez.

COLLECTE.

Fidelium, Deus, omnium Conditor et Redemptor : animabus famulorum famularumque tuarum remissionem cun-

O Dieu, qui êtes le Créateur et le Rédempteur de tous les fidèles, accordez aux âmes de vos serviteurs et de vos servantes la rémission de tous leurs péchés ; afin qu'elles obtiennent, par les très-humbles prières de votre Église, le pardon qu'elles ont toujours attendu de votre miséricorde ; Vous qui étant Dieu.

ctorum tribue peccatorum ; ut indulgentiam quam semper optaverunt, piis supplicationibus consequantur; Qui vivis et regnas, etc.

GRADUEL. PS. 141.

J'ai crié vers vous, Seigneur ; je vous ai dit : Vous êtes mon espérance et mon partage dans la terre des vivants. ℣. Tirez mon âme de prison, afin que je bénisse votre nom à jamais : les justes attendent que vous m'accordiez cette grâce.

Clamavi ad te, Domine ; dixi : Tu es spes mea, portio mea in terra viventium. ℣. Educ de custodia animam meam, ad confitendum nomini tuo : me expectant justi, donec retribuas mihi.

TRAIT. Baruch. 3.

Seigneur tout-puissant, l'âme pressée de douleur, et l'esprit dans l'inquiétude qui l'agite, crie vers vous. Écoutez, Seigneur, et ayez compassion de nous, ô Dieu plein de bonté ! ayez pitié de nous ; car nous avons péché contre vous. Seigneur tout-puissant, Dieu d'Israël, écoutez maintenant la prière des morts d'Israël.

Domine omnipotens, anima in angustiis, et spiritus anxius clamat ad te. Audi, Domine, et miserere, quia Deus es misericors ; et miserere nostri, quia peccavimus ante te. Domine omnipotens, Deus, Israël, audi nunc orationem mortuorum Israël.

PROSE.

Dies iræ, dies illa,
Crucis expandens vexilla,
Solvet sœclum in favilla!

Quantus tremor est futurus,
Quando Judex est venturus,
Cuncta stricte discussurus!
Tuba mirum spargens sonum
Per sepulcra regionum,
Coget omnes ante thronum.

Mors stupebit et natura,
Cum resurget creatura,
Judicanti responsura.

Liber scriptus proferetur,
In quo totum continetur
Unde mundus judicetur.
Judex ergo cum sedebit,
Quidquid latet apparebit,
Nil inultum remanebit.
Quid sum miser tunc dicturus?
Quem patronum rogaturus,

O jour de colère et de vengeance, qui fera paraître dans le ciel l'étendard de la croix, et qui réduira en cendre tout l'univers!

Quelle sera la frayeur des hommes, lorsque le souverain Juge paraîtra pour examiner toutes leurs actions selon la rigueur de sa justice!

Le son éclatant de la trompette, qui se fera entendre jusque dans les tombeaux, rassemblera tous les morts devant le tribunal du Seigneur.

Toute la nature et la mort même seront dans l'étonnement et l'effroi, lorsque les hommes ressusciteront pour répondre devant ce Juge terrible.

On ouvrira le livre où est écrit tout ce qui doit être la matière de ce jugement formidable.

Et quand le Juge sera assis sur son trône, on verra à découvert tout ce qui était caché, et aucun crime ne demeurera impuni.

Que dirai-je alors, malheureux que je suis? qui

prierai-je d'intercéder pour moi auprès d'un Juge devant qui les justes même ne paraîtront qu'en tremblant?

O Roi dont la majesté est si redoutable, Dieu qui sauvez vos élus par une miséricorde toute gratuite; sauvez-moi, ô source de toute bonté !

Jésus plein de tendresse pour les hommes, souvenez-vous que c'est pour moi que vous êtes descendu du ciel sur la terre : ne me condamnez pas en ce jour terrible.

Vous avez bien voulu vous lasser en me cherchant, et vous avez souffert la mort de la croix pour me racheter : que je ne perde pas le fruit de vos travaux.

O Juge qui punirez les crimes avec une justice inflexible, accordez-moi le pardon de mes fautes avant le jour de votre jugement rigoureux.

Les péchés dont je suis coupable me font gémir et me couvrent de confusion : pardonnez, mon Dieu, à un criminel qui implore votre miséricorde.

En remettant à la péche-

Cum vix justus sit securus ?

Rex tremendæ majestatis,
Qui salvandos salvas gratis,
Salva me, fons pietatis.

Recordare, Jesu pie,
Quod sum causa tuæ viæ :
Ne me perdas illa die.

Quærens me, sedisti lassus ;
Redemisti, crucem passus :
Tantus labor non sit cassus.

Juste Judex ultionis,
Donum fac remissionis
Ante diem rationis.

Ingemisco, tamquam reus ;
Culpa rubet vultus meus :
Supplicanti parce, Deus.

Peccatricem absolvisti,

Et latronem exaudisti ;
Mihi quoque spem dedisti.

Preces meæ non sunt dignæ :
Sed tu bonus fac benigne,
Ne perenni cremer igne.

Inter oves locum præsta,
Et ab hœdis me sequestra,
Statuens in parte dextra.
Confutatis maledictis,
Flammis acribus addictis,
Voca me cum benedictis.

Oro supplex et acclinis,
Cor contritum quasi cinis ;
Gere curam mei finis.

Lacrymosa dies illa,
Qua resurget ex favilla
Judicandus homo reus !
Huic ergo parce, Deus.

Pie Jesu Domine,
Dona eis requiem.
    Amen.

resse toutes ses iniquités, et en exauçant les prières du bon larron, vous m'avez aussi donné lieu d'espérer en votre bonté.

Je sais que mes prières sont indignes d'être exaucées ; mais je m'appuie sur votre clémence, en vous suppliant de ne point me condamner au feu éternel.

Séparez-moi des boucs qui seront à votre gauche, et placez-moi à votre droite avec les brebis.

Séparez-moi de ces maudits que vous chasserez de devant vous, et que vous condamnerez à des supplices rigoureux ; et appelez-moi avec les bénis de votre Père.

Prosterné devant votre Majesté suprême avec un cœur contrit et humilié, je vous conjure, Seigneur, d'avoir pitié de moi au moment de ma mort.

O jour redoutable, auquel l'homme coupable sortira de la poussière du tombeau, pour être jugé par celui qu'il a offensé ! Pardonnez-lui, ô Dieu de miséricorde !

Seigneur Jésus, plein de bonté, donnez-leur le repos éternel. Amen.

OFFERTOIRE. **Michée. 7.**

Je jetterai les yeux sur le Seigneur : j'attendrai Dieu mon Sauveur ; mon Dieu m'écoutera : je me relèverai après m'être assis dans les ténèbres : le Seigneur est ma lumière. Je porterai le poids de la colère du Seigneur, parce que j'ai péché contre lui : cependant il me fera entrer dans la lumière, et je contemplerai sa justice.

Ad Dominum aspiciam : expectabo Deum Salvatorem meum ; audiet me Deus meus : consurgam cum sedero in tenebris : Dominus lux mea est. Iram Domini portabo, quoniam peccavi ei : educet me in lucem, videbo justitiam ejus.

SECRÈTE.

Recevez favorablement, Seigneur, les hosties que nous vous offrons pour les âmes de vos serviteurs et de vos servantes ; afin que ceux et celles à qui vous avez donné le mérite de la foi, en reçoivent de vous la récompense ; Par Notre Seigneur Jésus-Christ votre Fils, qui étant Dieu vit et règne.

Hostias, quæsumus, Domine, quas tibi pro animabus famulorum famularumque tuarum offerimus, propitiatus intende ; ut quibus fidei christianæ meritum contulisti, dones et præmium ; Per Dominum nostrum Jesum Christum.

PRÉFACE.

Il est véritablement juste et raisonnable, il est équitable et salutaire de vous rendre grâces en tout temps

Vere dignum et justum est, æquum et salutare, nos tibi semper et ubique gratias agere,

Domine sancte, Pater omnipotens, æterne Deus, per Christum Dominum nostrum; In quo nobis spem beatæ resurrectionis concessisti; ut dum naturam contristat certa moriendi conditio, fidem consoletur futuræ immortalitatis promissio. Tuis enim fidelibus, Domine, vita mutatur, non tollitur; et dissoluta terrestris hujus habitationis domo, æterna in cœlis habitatio comparatur. Et ideo cum Angelis et Archangelis, cum Thronis et Dominationibus, cumque omni militia cœlestis exercitûs, hymnum gloriæ tuæ canimus, sine fine dicentes : Sanctus, Sanctus, Sanctus Dominus Deus sabaoth. Pleni sunt cœli et terra gloria tua. Hosanna in excelsis. Benedictus qui venit in nomine Domini. Hosanna in excelsis.	et en tout lieu, Seigneur très-saint, Père tout-puissant, Dieu éternel, par Jésus-Christ notre Seigneur; Dans lequel vous nous avez accordé l'espérance de la bienheureuse résurrection ; afin que si l'inévitable nécessité de mourir attriste la nature humaine, la promesse de l'immortalité future encourage et console notre foi. Car pour vos fidèles, Seigneur, mourir n'est pas perdre la vie, mais passer à une vie meilleure : et lorsque cette maison de terre où ils habitent vient à se détruire, ils en acquièrent une dans le ciel, qui durera éternellement. C'est pourquoi nous nous unissons aux Anges et aux Archanges, aux Trônes, aux Dominations, et à toute l'armée céleste, pour chanter un cantique à votre gloire, en disant sans cesse : Saint, Saint, Saint est le Seigneur le Dieu des ar-

mées. Votre gloire remplit les cieux et la terre. Hosanna au plus haut des cieux. Béni soit celui qui vient au nom du Seigneur, etc.

COMMUNION. S. Jean. 6.

Qui manducat meam carnem et bibit meum	Celui qui mange ma chair et qui boit mon sang, a la

vie éternelle, et je le ressusciterai au dernier jour.

sanguinem habet vitam æternam; et ego resuscitabo eum in novissimo die.

POSTCOMMUNION.

Rendez utiles aux âmes de vos serviteurs et de vos servantes, Seigneur, les très-humbles prières que nous vous offrons pour elles, et délivrez-les des liens de tous leurs péchés; afin que vous les fassiez jouir du fruit de votre rédemption; Vous qui étant Dieu.

Animabus, quæsumus, Domine, famulorum famularumque tuarum oratio proficiat supplicantium; ut eas et a peccatis omnibus exuas, et tuæ redemptionis facias esse participes; Qui vivis et regnas cum Deo Patre.

Requiescant in pace.

OFFICES

DU JOUR DE

L'INHUMATION ET DES ANNIVERSAIRES.

VÊPRES DES MORTS.

Au lieu de Gloria Patri, chacun des Psaumes et Cantiques se termine ainsi :

Requiem æternam dona eis Domine, * et lux perpetua luceat eis.	Seigneur, donnez-leur le repos éternel, et faites luire sur eux votre éternelle lumière.

PSAUME 114.

Dilexi, * quoniam exaudiet Dominus vocem orationis meæ.	J'aime le Seigneur, qui a exaucé les cris de ma prière.
Quia inclinavit aurem suam mihi, * et in diebus meis invocabo.	Il a prêté l'oreille à ma voix, et je l'invoquerai tous les jours de ma vie.
Circumdederunt me dolores mortis, * et pericula inferni invenerunt me.	Les douleurs de la mort m'avaient environné, et les approches du tombeau m'avaient saisi d'effroi.

Je ne trouvais partout que des sujets d'affliction et de tristesse : mais j'ai invoqué le Seigneur.

Seigneur, délivrez mon âme : le Seigneur est miséricordieux, il est juste : notre Dieu est plein d'une tendre compassion.

Le Seigneur garde les petits : je me suis humilié, et il m'a délivré.

Rentrez dans le repos, ô mon âme ; puisque le Seigneur vous a fait miséricorde.

C'est Dieu qui a préservé mon âme de la mort, mes yeux d'un sujet éternel de larmes, et mes pieds du précipice.

Je ne m'occuperai qu'à plaire au Seigneur, tant que je serai dans la terre des vivants.

Donnez-leur le repos, etc.

Ant. Seigneur, délivrez mon âme.

Tribulationem et dolorem inveni ; * et nomen Domini invocavi.

O Domine, libera animam meam : * misericors Dominus, et justus, et Deus noster miseretur.

Custodiens parvulos Dominus : * humiliatus sum, et liberavit me.

Convertere, anima mea, in requiem tuam ; * quia Dominus benefecit tibi.

Quia eripuit animam meam de morte, * oculos meos a lacrymis, pedes meos a lapsu.

Placebo Domino * in regione vivorum.

Requiem æternam, etc.

Ant. O Domine, libera animam meam.

PSAUME 119.

J'ai adressé mes cris au Seigneur dans mon affliction, et il m'a exaucé.

Seigneur, délivrez mon âme des lèvres injustes et de la langue trompeuse.

Ad Dominum cum tribularer clamavi, * et exaudivit me.

Domine, libera animam meam a labiis iniquis, * et a lingua dolosa.

18.

Quid detur tibi, aut quid apponatur tibi * ad linguam dolosam?	Comment se préserver de la langue trompeuse? quelles armes prendra-t-on pour s'en défendre?
Sagittæ potentis acutæ, * cum carbonibus desolatoriis.	Elle est comme une flèche pointue lancée par un homme fort, et comme des charbons brûlants.
Heu mihi, quia incolatus meus prolongatus est! Habitavi cum habitantibus Cedar : *multum incola fuit anima mea.	Hélas, que mon exil est long! Je suis au milieu des habitants de Cédar, et il y a longtemps que mon âme languit dans une terre étrangère.
Cum his qui oderunt pacem, eram pacificus : * cum loquebar illis, impugnabant me gratis.	Je suis pacifique avec les ennemis de la paix : et de tout ce que je leur dis, ils prennent prétexte de se soulever contre moi.
Requiem æternam, etc.	Donnez-leur le repos, etc.
Ant. Heu mihi! quia incolatus meus prolongatus est!	*Ant.* Hélas! que mon exil est long!

PSAUME 120.

Levavi oculos meos in montes, * unde veniet auxilium mihi.	Je lève les yeux vers les montagnes, pour voir d'où viendra mon secours.
Auxilium meum a Domino, * qui fecit cœlum et terram.	Mon secours vient du Seigneur, qui a fait le ciel et la terre.
Non det in commotionem pedem tuum, * neque dormitet qui custodit te.	Il ne permettra point que vos pas soient chancelants : celui qui vous garde ne s'endormira point.

Non, celui qui garde Is-
raël ne s'assoupira point, et
ne sera point surpris du
sommeil.

C'est le Seigneur qui vous
garde : le Seigneur vous
couvre de son ombre, et
marche à votre droite.

Le soleil ne vous nuira
point pendant le jour, ni la
lune pendant la nuit.

Le Seigneur vous garan-
tira de tout mal : il gardera
votre âme.

Le Seigneur gardera vo-
tre entrée et votre sortie,
maintenant et à jamais.

Donnez-leur le repos, etc.

Ant. Mon secours vient
du Seigneur qui a fait le ciel
et la terre.

Ecce non dormitabit
neque dormiet, * qui cus-
todit Israël.

Dominus custodit te :
Dominus protectio tua *
super manum dexteram
tuam.

Per diem sol non uret
te, * neque luna per noc-
tem.

Dominus custodit te
ab omni malo : * custodiat
animam tuam Dominus.

Dominus custodiat in-
troitum tuum et exitum
tuum ; * ex hoc nunc et
usque in seculum.

Requiem æternam, etc.

Ant. Auxilium meum
a Domino qui fecit cœlum
et terram.

PSAUME 129.

Du fond de l'abîme, Sei-
gneur, je pousse des cris
vers vous : Seigneur, écoutez ma voix.

Que vos oreilles soient
attentives à la voix de ma
prière.

Si vous tenez un compte
exact des iniquités, ô mon
Dieu, qui pourra, Seigneur,
subsister devant vous ?

Mais vous êtes plein de

De profundis clamavi
ad te, Domine : *Domine,
exaudi vocem meam.

Fiant aures tuæ inten-
dentes * in vocem depre-
cationis meæ.

Si iniquitates observa-
veris, Domine ;* Domine,
quis sustinebit ?

Quia apud te propitia

tio est, * et propter legem tuam sustinui te Domine.

Sustinuit anima mea in verbo ejus : * speravit anima mea in Domino.

A custodia matutina usque ad noctem * speret Israël in Domino ;
Quia apud Dominum misericordia, * et copiosa apud eum redemptio.

Et ipse redimet Israël * ex omnibus iniquitatibus ejus.
Requiam æternam, etc.
Ant. Si iniquitates observaveris Domine; Domine, quis sustinebit ?

miséricorde ; et j'espère en vous, Seigneur, à cause de votre loi.

Mon âme attend l'effet de vos promesses : mon âme a mis toute sa confiance dans le Seigneur.

Que depuis le matin jusqu'au soir Israël espère au Seigneur ;
Car le Seigneur est rempli de bonté ; et la rédemption qu'il nous a préparée est abondante.

C'est lui qui rachètera Israël de toutes ses iniquités.
Donnez-leur le repos, etc.
Ant. Si vous tenez un compte exact de nos iniquités, ô mon Dieu, qui pourra subsister devant vous ?

PSAUME 137.

Confitebor tibi, Domine, in toto corde meo, * quoniam audisti verba oris mei.

In conspectu Angelorum psallam tibi : * adorabo ad templum sanctum tuum.

Et confitebor nomini tuo super misericordia tua et veritate tua ; * quo-

Seigneur, je vous rendrai grâces de tout mon cœur, de ce que vous avez exaucé mes prières.

Je vous chanterai des cantiques en présence des Anges : je vous adorerai dans votre saint temple ; je bénirai votre nom.

Je louerai votre miséricorde et la fidélité de vos promesses : j'annoncerai aux nations que la gloire de votre saint nom est infinie.

En quelque temps que je vous invoque, exaucez-moi : donnez à mon âme de nouvelles forces.

Que tous les rois de la terre vous louent, Seigneur ; car ils connaissent la certitude de vos promesses.

Qu'ils publient votre gloire, en considérant la conduite que vous tenez à l'égard de votre peuple.

Le Seigneur est infiniment élevé : cependant il considère les humbles, et il ne voit que de loin les superbes.

Si je marche au milieu de l'affliction, vous me conserverez la vie : vous étendrez votre main contre la fureur de mes ennemis, et votre bras tout-puissant me sauvera.

Le Seigneur prendra ma défense : votre miséricorde, Seigneur, est éternelle ; n'abandonnez pas les ouvrages de vos mains.

Donnez-leur le repos, etc.

Ant. Seigneur, n'abandonnez pas les ouvrages de vos mains.

niam magnificasti super omne, nomen sanctum tuum.

In quacumque die invocavero te, exaudi me : multiplicabis in anima mea virtutem.

Confiteantur tibi, Domine, omnes reges terræ ; * quia audierunt omnia verba oris tui.

Et cantent in viis Domini, quoniam magna est gloria Domini.

Quoniam excelsus Dominus, et humilia respicit, * et alta a longe cognoscit.

Si ambulavero in medio tribulationis, vivificabis me : * et super iram inimicorum meorum extendisti manum tuam, et salvum me fecit dextera tua.

Dominus retribuet pro me : * Domine, misericordia tua in seculum ; opera manuum tuarum ne despicias.

Requiem æternam, etc.

Ant. Opera manuum tuarum, Domine, ne despicias.

A Magnificat.

CANTIQUE DE LA VIERGE. Luc. I.

Magnificat * anima mea Dominum ;

Et exultavit spiritus meus * in Deo salutari meo ;

Quia respexit humilitatem ancillæ suæ : * ecce enim ex hoc beatam me dicent omnes generationes.

Quia fecit mihi magna qui potens est, * et sanctum nomen ejus.

Et misericordia ejus a progenie in progenies * timentibus eum.

Fecit potentiam in brachio suo : * dispersit superbos mente cordis sui.

Deposuit potentes de sede, * et exaltavit humiles.

Esurientes implevit bonis, * et divites dimisit inanes.

Suscepit Israël puerum suum, * recordatus misericordiæ suæ,

Sicut locutus est ad

Mon âme glorifie le Seigneur ;

Et mon esprit est ravi de joie en Dieu mon Sauveur ;

Parce qu'il a regardé la bassesse de sa servante : et désormais je serai appelée bienheureuse dans la suite de tous les siècles.

Car il a fait en moi de grandes choses, lui qui est le Tout-Puissant, et dont le nom est saint.

Sa miséricorde se répand d'âge en âge sur ceux qui le craignent.

Il a déployé la force de son bras : il a renversé les superbes, en dissipant leurs desseins.

Il a fait descendre les grands de leur trône, et il a élevé les petits.

Il a rempli de biens ceux qui étaient affamés, et il a renvoyé vides et pauvres ceux qui étaient riches.

Il a pris en sa protection Israël son serviteur, se souvenant de la bonté

Qu'il a eue pour Abraham

et pour sa race à jamais, selon les promesses qu'il a faites à nos pères.

Donnez-leur le repos, etc.

Ant. Tous ceux que mon Père me donne viendront à moi, et je ne rejetterai point dehors celui qui vient à moi.

patres nostros, * Abraham, et semini ejus in secula.

Requiem æternam, etc.

Ant. Omne quod dat mihi Pater ad me veniet: et eum qui venit ad me, non ejiciam foras.

Pater noster. ℣. Et ne nos inducas.

℣. La mémoire des justes sera éternelle. ℟. Ils ne craindront point qu'elle soit ternie par des discours injurieux.

℣. Seigneur, délivrez leurs âmes ℟. Des portes de l'enfer.

℣. J'ai une ferme confiance que je jouirai des biens du Seigneur ℟. Dans la terre des vivants.

℣. In memoria æterna erunt justi. ℟. Ab auditione mala non timebunt.

℣. A porta inferi, ℟. Erue, Domine, animas eorum.

℣. Credo videre bona Domini, ℟. In terra viventium.

PSAUME 145.

Mon âme, louez le Seigneur; je louerai le Seigneur toute ma vie : tant que je subsisterai, je chanterai les louanges de mon Dieu.

Ne vous appuyez point sur les princes, ni sur les enfants des hommes ; puisque aucun d'eux ne peut vous sauver.

Leur âme sortira de leur

Lauda, anima mea, Dominum; * laudabo Dominum in vita mea : psallam Deo meo quamdiu fuero.

Nolite confidere in principibus ; * in filiis hominum, in quibus non est salus.

Exibit spiritus ejus,

et revertetur in terram suam : * in illa die peribunt omnes cogitationes eorum.

Beatus cujus Deus Jacob adjutor ejus, spes ejus in Domino Deo ipsius, * qui fecit cœlum et terram, mare et omnia quæ in eis sunt.

Qui custodit veritatem in seculum, facit judicium injuriam patientibus, * dat escam esurientibus.

Dominus solvit compeditos : * Dominus illuminat cæcos.

Dominus erigit elisos : * Dominus diligit justos.

Dominus custodit advenas : pupillum et viduam suscipiet; * et vias peccatorum disperdet.

Regnabit Dominus in secula : *Deus tuus, Sion, in generationem et generationem.

Requiem æternam, etc.
℣. Requiescant in pace.
℟. Amen.
℣. Domine, exaudi orationem meam. ℟. Et cla-

corps, et ils rentreront dans la terre d'où ils ont été tirés: alors tous leurs projets s'évanouiront.

Heureux celui qui a le Dieu de Jacob pour son protecteur, et qui met son espérance dans le Seigneur son Dieu, le Créateur du ciel, de la terre, de la mer, et de tout ce que renferme l'univers.

Le Seigneur demeure à jamais fidèle à ses promesses : il fait justice à ceux qui sont opprimés : il donne à manger à ceux qui ont faim.

Le Seigneur brise les chaînes des captifs: le Seigneur éclaire les aveugles.

Le Seigneur relève ceux qui sont près de tomber : le Seigneur aime les justes.

Le Seigneur garde les étrangers : il soutient la veuve et l'orphelin : il renverse les desseins des méchants.

Le Seigneur règnera à jamais : votre Dieu, ô Sion, règnera dans la suite de tous les siècles.

Donnez-leur le repos, etc.
℣. Qu'ils reposent en paix.
℟. Amen.
℣. Seigneur, exaucez ma prière. ℟. Et que mes cris

aillent jusqu'à vous.

℣. Que le Seigneur soit avec vous, ℟. Et avec votre esprit.

mor meus ad te veniat.

℣. Dominus vobiscum, ℟. Et cum spiritu tuo.

Au jour du décès.

POUR UN MORT.

Seigneur, prêtez l'oreille aux prières par lesquelles nous conjurons humblement votre miséricorde de placer, dans le lieu de la paix et de la lumière, l'âme de votre serviteur N., que vous avez fait sortir de ce monde, et d'ordonner qu'elle soit associée à la gloire de vos saints.

Inclina, Domine, aurem tuam ad preces nostras, quibus misericordiam tuam supplices deprecamur, ut animam famuli tui N., quam de hoc seculo migrare jussisti, in pacis ac lucis regione constituas, et sanctorum tuorum jubeas esse consortem.

POUR UNE MORTE.

Seigneur infiniment bon, nous vous supplions d'avoir pitié de l'âme de votre servante N., et de lui donner part au salut éternel, après l'avoir délivrée de la corruption de cette vie mortelle.

Quæsumus, Domine, pro tua pietate miserere animæ famulæ tuæ N., et a contagiis mortalitatis exutam, in æternæ salvationis partem restitue.

AUX ANNIVERSAIRES

On dit les trois Oraisons suivantes.

Seigneur, Dieu des miséricordes, accordez le lieu

Deus indulgentiarum, Domine, da animæ famuli tui N. (sacerdotis *vel* pontificis, (*vel* famulæ tuæ N. (cujus), *vel* animabus famulorum tuorum N. et N. quorum, (*vel* famularum tuarum N. et N. quarum) anniversarium depositionis diem commemoramus, refrigerii sedem, quietis beatitudinem, et luminis claritatem.

du rafraîchissement, du bonheur et du repos, de la lumière et de la gloire, à l'âme de votre serviteur N. (prêtre *ou* évêque), *ou* de votre servante N., *ou* aux âmes de vos serviteurs N. et N. (*ou* de vos servantes N. et N.), dont nous célébrons l'anniversaire.

POUR LES BIENFAITEURS.

Deus, veniæ largitor, et humanæ salutis amator : quæsumus clementiam tuam, ut nostræ congregationis fratres, propinquos, et benefactores, qui ex hoc seculo transierunt, beata Maria semper Virgine intercedente, cum omnibus Sanctis tuis, ad perpetuæ beatitudinis consortium pervenire concedas.

O Dieu, qui pardonnez aux pécheurs, et qui aimez le salut des hommes, nous supplions votre miséricorde, par l'intercession de la bienheureuse Marie toujours Vierge, et de tous vos Saints, de faire arriver à la béatitude éternelle nos frères, nos parents et nos bienfaiteurs, qui sont sortis de ce monde.

POUR TOUS LES MORTS.

Fidelium, Deus, omnium Conditor et Redemptor, animabus famulorum famularumque tuarum remissionem cunctorum tribue peccatorum; ut indulgentiam quam sem-

O Dieu, qui êtes le Créateur et le Rédempteur de tous les fidèles, accordez aux âmes de vos serviteurs et de vos servantes la rémission de tous leurs péchés, afin qu'elles obtiennent, par les très-humbles prières de votre Église, le pardon qu'elles ont toujours attendu de votre miséricorde ; vous qui vivez et régnez dans tous les siècles des siècles. ℟. Amen.

Qu'ils reposent en paix. ℟. Amen.

per optaverunt, piis supplicationibus consequantur ; Qui vivis et regnas in secula seculorum. ℟. Amen.

Requiescant in pace. ℟. Amen.

En particulier pour un Père et une Mère.

O Dieu, qui nous avez commandé d'honorer notre père et notre mère, ayez pitié, par votre bonté, des âmes de mon père et de ma mère : pardonnez-leur leurs péchés, et faites que je les voie un jour dans la joie de la gloire éternelle : Par notre Seigneur Jésus-Christ.

Deus, qui nos patrem et matrem honorare præcepisti, miserere clementer animabus patris mei ac matris meæ, eorumque peccata dimitte, meque eos in æternæ claritatis gaudio fac videre ; Per Dominum.

VIGILES

Qui se disent communément à trois Nocturnes, suivis de Laudes, et se composent des mêmes psaumes et cantiques que ceux de la fête générale de la Commémoration des Morts, excepté les leçons. Lorsqu'il n'y a qu'un Nocturne, on dit le premier le lundi et le jeudi ; le second, le mardi et le vendredi ; le troisième, le mercredi et le samedi.

AU PREMIER NOCTURNE.

Verba mea auribus, page 157.
Domine, ne in furore, 159.
Usquequo, Domine, 162.

℣. Ne tradas bestiis animas confitentes tibi.
℟. Et animas pauperum tuorum ne obliviscaris in finem.

℣. Ne livrez pas aux bêtes ceux qui vous louent.
℟. Et n'oubliez pas pour toujours les âmes de vos pauvres.

Pater noster. Et ne nos inducas, etc.

I. leçon. Job. 7.

Épargnez-moi, Seigneur, car mes jours ne sont qu'un néant. Qu'est-ce que l'homme, pour mériter que vous le regardiez comme quelque chose de grand ? et pourquoi votre cœur est-il attentif sur lui ? Vous le visitez le matin, et vous le mettez à l'épreuve à chaque moment. Jusqu'à quand différerez-vous de m'épargner et de me donner quelque relâche, afin que je puisse un peu respirer ? J'ai péché : que ferai-je pour vous apaiser, ô Sauveur des hommes? Pourquoi m'avez-vous mis dans un état contraire à vous, et ennuyeux à moi-même? Pourquoi n'ôtez-vous point mon péché, et ne me pardonnez-vous point mon iniquité? Je vais m'endormir dans la poussière du tombeau : et quand vous me chercherez le matin, je ne serai plus le même.

℟. Mes jours se sont évanouis comme la fumée; et mes os se sont séchés comme du bois à demi consumé par le feu : * Mes jours se sont écoulés comme l'ombre. ℣. Qu'est-ce que notre vie? c'est une vapeur, qui paraît pour un peu de temps. * Mes jours.

℟. Defecerunt sicut fumus dies mei, et ossa mea sicut cremium aruerunt : * Dies mei sicut umbra declinaverunt. ℣. Quæ est vita nostra? vapor est ad modicum parens. * Dies mei.

II. LEÇON. Job. 10.

La vie m'est devenue ennuyeuse : je m'abandonnerai aux plaintes contre moi-même. Je parlerai dans l'amertume de mon âme; je dirai à mon Dieu : Ne me condamnez pas; faites-moi connaître pourquoi vous me traitez de la sorte. Pourriez-vous vous plaire, ô mon Dieu, à me livrer à la calomnie et à m'accabler, moi qui suis l'ouvrage de vos mains? Pourriez-vous favoriser les mauvais desseins des impies? Avez-vous des yeux de chair, et regardez-vous les choses comme un homme les regarde? Vos jours sont-ils semblables aux jours de l'homme, et vos années à ses années, pour avoir besoin de rechercher mes iniquités, et de faire l'examen de mon péché, afin d'apprendre par cette voie si je ne serais point coupable d'impiété, puisqu'il est certain que personne ne peut se délivrer de votre main? Ce sont vos mains, Seigneur, qui m'ont formé; ce sont elles qui ont arrangé toutes les parties de mon corps : voudriez-vous, après cela, me perdre sans ressource? Souvenez-vous, je vous en supplie, que vous m'avez fait comme un ouvrage d'argile, et que dans peu de temps vous me réduirez en poudre. Ne m'avez-vous pas fait d'abord comme un lait qui se caille, comme un lait qui s'épaissit et qui se durcit? Vous m'avez revêtu de peau et de chair : vous m'avez affermi d'os et de nerfs. Vous m'avez donné la vie, et comblé de bienfaits : et la continuation de votre secours a conservé mon âme.

℟. Peccavi valde; sed, *Precor, Domine, ut transferas iniquitatem servi tui, quia stulte egi nimis. ℣. Deus, propitius esto mihi peccatori. *Precor, Domine, ut transferas.

℟. Je vous ai beaucoup offensé, Seigneur; mais *Oubliez, je vous en conjure, l'iniquité de votre serviteur; parce que je me suis livré à l'égarement de mon cœur. ℣. Mon Dieu, ayez pitié de moi, qui suis un pécheur. *Oubliez.

III. LEÇON. Job. 10.

Pourquoi m'avez-vous tiré des entrailles de ma mère? Ne serait-il pas à souhaiter que je fusse mort, et que personne ne m'eût jamais vu? J'aurais été comme n'ayant point été, n'ayant fait que passer du sein de ma mère dans le tombeau. Le peu de jours qui me restent ne finiront-ils point bientôt? Donnez-moi donc un peu de relâche, afin que je puisse respirer dans ma douleur, avant que j'aille, sans espérance d'aucun retour, en cette terre ténébreuse, couverte de l'obscurité de la mort; cette terre de misère et de ténèbres, où tout est sans ordre et dans une éternelle horreur.

℟. Je jetterai les yeux sur le Seigneur; j'attendrai Dieu mon Sauveur, après avoir langui dans les ténèbres; j'en sortirai. * Je porterai le poids de la colère du Seigneur, parce que j'ai péché contre lui. ℣. Le Seigneur châtie tous ceux qu'il reçoit au nombre de ses enfants. * Je porterai.	℟. Ad Dominum aspiciam : expectabo Deum Salvatorem meum : consurgam, cum sedero in tenebris. * Iram Domini portabo, quoniam peccavi ei. ℣. Flagellat Dominus omnem filium quem recepit. * Iram.

II. NOCTURNE.

PSAUME 188.

Dominus regit me, plus haut pag. 166.

Requiem æternam, etc.

Ant. Au milieu des ombres de la mort même, je ne craindrai point, parce que vous êtes avec moi, Seigneur.	*Ant.* In medio umbræ mortis non timebo mala, quoniam tu mecum es, Domine.

PSAUME 24.

Ad te, Domine, levavi, plus haut pag. 167.

Requiem æternam, etc.

Ant. Delicta juventutis meæ et ignorantias meas ne memineris, Domine.	*Ant.* Ne vous souvenez pas, Seigneur, des péchés de ma jeunesse et des fautes que j'ai commises par ignorance.

PSAUME 26.

Dominus, illuminatio, plus haut pag. 170.

Requiem æternam, etc.

Ant. Credo videre bona Domini in terra viventium.	*Ant.* J'ai une ferme confiance que je verrai les biens du Seigneur dans la terre des vivants.
℣. Unam petii a Domino, hanc requiram. ℟. Ut inhabitem in domo Domini.	℣. J'ai demandé une seule chose au Seigneur, et je la lui demanderai toujours : ℟. c'est d'habiter dans la maison du Seigneur.

IV. leçon. Job. 13.

Combien ai-je commis d'iniquités et de péchés ! faites-moi voir mes crimes et mes offenses. Pourquoi me cachez-vous votre visage, et pourquoi me croyez-vous votre ennemi ? Vous faites éclater votre puissance contre une feuille que le vent emporte, et vous poursuivez une paille sèche. Car vous donnez contre moi des arrêts très-sévères, et vous voulez me consumer pour les péchés de ma jeunesse. Vous avez mis mes pieds dans les ceps; vous avez observé tous mes sentiers, et vous avez considéré avec soin toutes les traces de mes pas: moi qui ne serai que pourriture dans un moment, et qui deviendrai comme un vêtement mangé des vers.

℟. Ma vie est exposée à de continuels dangers: * quand même Dieu me l'ôterait, je ne laisserais pas d'espérer en lui; et il sera lui-même mon Sauveur. ℣. Soit que nous vivions, soit que nous mourions, nous appartenons au Seigneur: * Quand même, etc.

℟. Ecce animam meam porto in manibus meis: * Etiamsi occiderit me, in ipso sperabo; et ipse erit Salvator meus. ℣. Sive vivimus, sive morimur, Domini sumus: * Etiamsi.

V. leçon. Job. 14.

L'homme né de la femme vit très-peu de temps, et il est rempli de beaucoup de misères. Il naît comme une fleur, qui n'est pas plutôt éclose qu'elle est foulée aux pieds; il fuit et disparaît comme l'ombre, et il ne demeure jamais en un même état. Et vous croyez, Seigneur, qu'il soit digne de vous d'ouvrir seulement les yeux sur lui, et de le faire entrer en jugement avec vous? Qui peut rendre pur celui qui est né d'un sang impur? N'est-ce pas vous seul qui le pouvez? Les jours de l'homme sont courts; le nombre de ses mois et de ses années est entre vos mains; vous avez marqué les bornes de sa vie, qu'il ne peut passer. Retirez-vous donc quelque peu de lui, afin qu'il ait quelque repos, jusqu'à ce qu'il trouve, comme le mercenaire, la fin désirée de tous ses maux.

℟. Hi qui cum pietate dormitionem acceperunt, optimam habent repositam gratiam : * Sancta ergo et salubris est cogitatio pro defunctis exorare, ut a peccatis solvantur.

℣. Si quis superædificat super fundamentum, et opus ejus arserit, detrimentum patietur ; ipse autem salvus erit, sic tamen quasi per ignem. * Sancta.

℟. Une grande récompense est réservée à ceux qui sont morts dans la piété : * C'est donc une sainte et salutaire pensée de prier pour les morts, afin qu'ils soient délivrés de leurs péchés.

℣. Celui qui élèvera l'édifice de son salut sur un fondement solide, et dont l'ouvrage sera consumé par les flammes, en souffrira la perte : mais il ne laissera pas d'être sauvé, comme en passant par le feu. * C'est.

VI. Leçon. Job. 14.

Qui pourra me procurer cette grâce, que vous me mettiez à couvert et me cachiez dans l'enfer jusqu'à ce que votre fureur soit entièrement passée, et que vous me marquiez un temps auquel vous vous souviendrez de moi? Si l'homme meurt, n'est-ce pas alors qu'il vit? Dans cette guerre où je me trouve maintenant, j'attends tous les jours que mon changement arrive. Vous m'appellerez, et je vous répondrai : vous tendrez la main droite à l'ouvrage de vos mains. Je sais que vous avez compté tous mes pas ; mais pardonnez-moi mes péchés.

℟. Domine omnipotens, Deus Israël, * Audi nunc orationem mortuorum Israël : noli memi-

℟. Seigneur tout-puissant, Dieu d'Israël, * Écoutez maintenant la prière des morts d'Israël : oubliez les iniquités de nos pères, et souvenez-vous de votre puissance, et de la gloire de votre nom. ℣. Vous avez été mis à mort, Seigneur, et vous nous avez rachetés pour Dieu par votre sang. * Écoutez.

nisse iniquitatum patrum nostrorum, sed memento manus tuæ, et nominis tui. ℣. Occisus es, Domine, et redemisti nos Deo in sanguine tuo. * Audi.

III. NOCTURNE.

Ps. Dixi custodiam, *avec sa division*, page 176.

Ant. Cessez de me frapper, Seigneur, et ne soyez pas insensible à mes larmes.

Ant. Amove a me plagas tuas, Domine : auribus percipe lacrymas meas.

PSAUME 40.

Heureux celui qui est attentif sur les besoins du pauvre et de l'indigent : le Seigneur le délivrera au jour de l'affliction.

Le Seigneur le gardera, et lui conservera la vie : il le rendra heureux sur la terre, et il ne l'abandonnera pas à la fureur de ses ennemis.

Le Seigneur le secourra lorsqu'il sera sur le lit de douleur : oui, mon Dieu, vous remuerez vous-même son lit pour le soulager.

Beatus qui intelligit super egenum et pauperem : * in die mala liberabit eum Dominus.

Dominus conservet eum, et vivificet eum, et beatum faciat eum in terra; et non tradat eum in animam inimicorum ejus.

Dominus opem ferat illi super lectum doloris ejus : * universum stratum ejus versasti in infirmitate ejus.

Ego dixi : Domine, miserere mei : * sana animam meam, quia peccavi tibi.

Inimici mei dixerunt mala mihi : * Quando morietur, et peribit nomen ejus ?

Et si ingrediebatur ut videret, vana loquebatur : * cor ejus congregavit iniquitatem sibi.

Egrediebatur foras, * et loquebatur in idipsum.

Adversum me susurrabant omnes inimici mei : * adversum me cogitabant mala mihi.

Verbum iniquum constituerunt adversum me : * numquid qui dormit, non adjiciet ut resurgat ?

Etenim homo pacis meæ in quo speravi, qui edebat panes meos, * magnificavit super me supplantationem.

Tu autem, Domine, miserere mei, et resuscita me; * et retribuam eis.

In hoc cognovi quo-

Je vous ai dit : Seigneur, ayez pitié de moi : guérissez mon âme, car j'ai péché contre vous.

Mes ennemis font des imprécations contre moi, et ils disent : Quand mourra-t-il ? quand sa mémoire périra-t-elle ?

Lorsque quelqu'un d'eux me vient voir, il me fait mille souhaits trompeurs ; pendant qu'il médite dans son cœur quelque nouvelle iniquité.

Dès qu'il est sorti, il la fait éclater dans ses discours.

Tous ceux qui me haïssent s'entretiennent de moi en secret : ils forment la résolution de me faire mourir.

Dans le dessein de me perdre, ils ont recours à la calomnie : mais celui qui dort, ne pourra-t-il donc pas ressusciter ?

Celui-là même qui m'était si uni, en qui j'avais tant de confiance, et qui mangeait à ma table, a fait éclater contre moi sa trahison.

Mais vous, Seigneur, ayez pitié de moi, ressuscitez-moi, et je leur rendrai ce qu'ils méritent.

J'ai reconnu que vous

aviez mis votre complaisance en moi, en ce que je n'ai point été un sujet de joie à mes ennemis.

Vous m'avez soutenu à cause de mon innocence ; et vous m'avez affermi en votre présence pour jamais.

Que le Seigneur le Dieu d'Israël soit béni dans la suite de tous les siècles : amen, amen.

Ant. Celui qui dort, ne pourra-t-il pas ressusciter ? Ayez pitié de moi, Seigneur, et ressuscitez-moi.

niam voluisti me, * quoniam non gaudebit inimicus meus super me.

Me autem propter innocentiam suscepisti; * et confirmasti me in conspectu tuo in æternum.

Benedictus Dominus Deus Israël a seculo, et usque in seculum : * fiat, fiat.

Ant. Numquid qui dormit, non adjiciet ut resurgat ? Domine, miserere mei, et resuscita me.

Ps. Quemadmodum, *avec sa division*, page 180.

Ant. Mon âme brûle d'une soif ardente pour le Dieu vivant : quand irai-je me présenter devant lui ?

℣. Pourquoi êtes-vous triste, ô mon âme ? et pourquoi me troublez-vous ?

℟. Espérez en Dieu ; car je le louerai encore.

Ant. Sitivit anima mea ad Deum fortem, vivum : quando veniam et apparebo ante faciem Dei?

℣. Quare tristis es, anima mea ? et quare conturbas me ?

℟. Spera in Deo ; quoniam adhuc confitebor illi.

VII. LEÇON. Job. 16 et 17.

Mes années coulent et passent vite; et je marche par un sentier par lequel je ne reviendrai jamais. Toutes mes forces sont épuisées ; mes jours ont été abrégés, et il ne me reste plus que le tombeau. Je n'ai point péché, et cependant mon œil ne voit rien que de triste et d'affligeant. Délivrez-moi, Seigneur, et me mettez auprès de vous : et après cela, que la main de qui que ce soit s'arme contre moi.

℟. Scio quod Redemptor meus vivit, et in novissimo die de terra surrecturus sum, * Et in carne mea videbo Deum meum. ℣. Oportet corruptibile hoc induere incorruptionem, et mortale hoc induere immortalitatem. * Et in carne.

℟. Je sais que mon Rédempteur est vivant, et qu'au dernier jour je ressusciterai de la terre : * Je sais que je serai revêtu de ma chair, et que je verrai mon Dieu. ℣. Il faut que ce corps corruptible soit revêtu d'incorruptibilité, et que ce corps mortel soit revêtu d'immortalité. * Je sais.

VIII. LEÇON. Job. 17.

Mes jours se sont écoulés : et toutes les pensées que j'avais ayant été renversées, ne servent qu'à me déchirer le cœur. Ils ont changé la nuit en jour, et après les ténèbres j'espère encore de voir la lumière. Quand j'attendrai jusqu'au bout, le tombeau sera ma maison, et je me suis préparé mon lit dans les ténèbres. J'ai dit à la pourriture : Vous êtes mon père; et aux vers : Vous êtes ma mère et ma sœur. Où est donc maintenant mon attente? et qui est celui qui considère ma patience?

℟. Qui dormiunt in terræ pulvere, * Evigilabunt; alii in vitam æternam, et alii in opprobrium, ut videant sem-

℟. Ceux qui dorment dans la poussière de la terre, * se réveilleront; les uns pour la vie éternelle, et les autres pour un opprobre éternel, qu'ils auront toujours devant les yeux. ℣. Nous ressusciterons tous ; mais nous ne serons pas tous changés. * Ceux qui dorment.

per. ℣. Omnes quidem resurgemus ; sed non omnes immutabimur : * Evigilabunt.

IX. leçon. Job. 19.

Mes chairs ont été réduites à rien, mes os se sont collés à ma peau ; et il ne me reste que les lèvres autour des dents. Ayez pitié de moi, vous au moins qui êtes mes amis ; ayez pitié de moi, après que Dieu m'a frappé d'une telle plaie. Pourquoi me persécutez-vous comme Dieu, et vous plaisez-vous à vous rassasier de ma chair ? Qui m'accordera que mes paroles soient écrites ? Qui m'accordera qu'elles soient tracées dans un livre, et qu'elles soient gravées sur une lame de plomb avec une plume de fer, ou sur une pierre avec le ciseau ? Car je sais que mon Rédempteur est vivant, et que je ressusciterai de la terre au dernier jour ; que je serai encore revêtu de cette peau ; que je verrai mon Dieu dans ma chair ; que je le contemplerai de mes propres yeux. C'est là l'espérance que j'ai, et qui reposera toujours dans mon cœur.

℞. Délivrez-moi, Seigneur, de ceux qui me haïssent; que je ne sois point englouti dans l'abîme, et que le puits où l'on me jette ne se ferme pas sur moi : * Exaucez-moi, Seigneur, dont la bonté est toujours prête à pardonner: prenez soin de mon âme, et délivrez-la.

℞. Libera me, Domine, ab iis qui oderunt me : non absorbeat me profundum, neque urgeat super me puteus os suum : * Exaudi me, quoniam benigna est misericordia tua : intende animæ meæ, et libera eam.

℣. Domine Deus, rex seculorum, solus pius es : * Exaudi me, quoniam benigna est misericordia tua : intende animæ meæ, et libera eam.

℣. Seigneur Dieu, roi de tous les siècles, vous êtes seul plein de bonté : * Exaucez-moi, Seigneur, dont la miséricorde est toujours prête à pardonner : prenez soin de mon âme, et délivrez-la.

℣. Miserere mei, Domine, fili David : Domine, adjuva me : * Benigna est misericordia tua : intende animæ meæ, et libera eam.

℣. Seigneur, fils de David, ayez pitié de moi : Seigneur, secourez-moi : * Votre miséricorde est toujours prête à pardonner : prenez soin de mon âme, et délivrez-la.

℣. Proposuit te Deus propitiationem per fidem propter remissionem delictorum : * Intende animæ meæ, et libera eam.

℣. Dieu vous a établi la victime de propitiation, pour remettre les péchés de ceux qui croiraient en vous par la foi : * Prenez soin de mon âme, et délivrez-la.

[*Quand les Vigiles se disent le matin, on omet ce qui suit, et on commence Laudes aussitôt après le* ℟.]

℣. Requiem æternam, etc. ℟. Et lux, etc.

℣. Requiescant in pace. ℟. Amen.

℣. Domine, exaudi. ℟. Et clamor, etc.

℣. Dominus vobiscum. ℟. Et cum spiritu tuo.

PRIONS.

Absolve, quæsumus, Domine, animam famuli tui N. (sacerdotis *vel* pontificis) (*vel* famulæ tuæ N.) (*vel* animas famulorum

Daignez, Seigneur, délivrer de tous les liens du péché l'âme de votre serviteur N. (prêtre *ou* évêque), (*ou* de votre servante N.), (*ou* les âmes de vos serviteurs N. et N.), (*ou* de vos servantes N. et N.), et les âmes de tous ceux qui sont morts dans la foi ; afin qu'au jour de la résurrection glorieuse, ils jouissent du repos éternel avec vos saints et vos élus : Nous vous en supplions par les mérites de celui qui doit venir juger les vivants et les morts, et le monde par le feu.

℣. Qu'ils reposent en paix.
℟. Amen.

tuorum N. et N. (*vel* famularum tuarum N. et N.), et animas omnium fidelium defunctorum, ab omni vinculo delictorum; ut in resurrectionis gloria, inter sanctos et electos tuos resuscitati respirent; Per eum qui venturus est judicare vivos et mortuos, et seculum per ignem. ℟. Amen.

℣. Requiescant in pace.
℟. Amen.

A Laudes. Ps. Miserere, page 187.

Ant. Effacez mon iniquité selon la grandeur et la multitude de vos bontés.

Ant. Secundum multitudinem miserationum tuarum dele iniquitatem meam.

PSAUME 64.

C'est dans Sion qu'il convient de vous louer, ô mon Dieu : c'est à Jérusalem qu'il faut vous offrir des vœux.

Exaucez ma prière : tous les hommes comparaîtront devant vous.

Nous sommes accablés de la multitude de nos péchés ; mais vous nous pardonnerez nos offenses.

Heureux celui que vous

Te decet hymnus, Deus, in Sion, * et tibi reddetur votum in Jerusalem.

Exaudi orationem meam : * ad te omnis caro veniet.

Verba iniquorum prævaluerunt super nos ; * et impietatibus nostris tu propitiaberis.

Beatus quem elegisti,

20.

et assumpsisti : * inhabitabit in atriis tuis.

Replebimur in bonis domus tuæ ; * sanctum est templum tuum, mirabile in æquitate.

Exaudi nos, Deus salutaris noster, * spes omnium finium terræ, et in mari longe.

Præparans montes in virtute tua , accinctus potentia : * qui conturbas profundum maris , sonum fluctuum ejus.

Turbabuntur gentes , et timebunt qui habitant terminos a signis tuis : * exitus matutini et vespere delectabis.

Visitasti terram, et inebriasti eam : * multiplicasti locupletare eam.

Flumen Dei repletum est aquis ; * parasti cibum illorum, quoniam ita est præparatio ejus.

choisissez, et que vous prenez à votre service : il habitera dans votre saint temple.

Nous serons rassasiés des biens de votre maison ; votre temple est saint ; c'est le séjour de l'équité.

Exaucez-nous, ô Dieu notre Sauveur, vous qui êtes l'espérance des extrémités les plus reculées de la terre et de la mer.

C'est par votre puissance que les montagnes ont été affermies : vous êtes armé de force : vous soulevez la mer jusque dans ses plus profonds abîmes : vous en agitez les flots par un bruit effroyable.

Vos merveilles et vos prodiges répandent l'étonnement et la crainte parmi les nations les plus reculées : l'orient et l'occident publient votre puissance et vos bontés.

Vous visitez la terre, et vous la nourrissez de vos pluies abondantes : vous la comblez de vos dons.

Vous remplissez d'eau les ruisseaux et les fleuves, et vous préparez la terre, afin qu'elle fournisse à ses habitants de quoi les nourrir.

Vous abreuvez ses sillons; vous multipliez tout ce qu'elle renferme dans son sein, et elle a la joie de voir pousser ses fruits.

Vous répandez vos bénédictions sur tout le cours de l'année, et les plaines sont remplies de vos biens.

Les déserts deviennent gras et fertiles, et les coteaux tressaillent de joie.

Les troupeaux se multiplient dans les plaines, les vallées sont couvertes de froment; et l'on n'entend partout que des cris de joie et des chants d'allégresse.

Ant. Exaucez ma prière, ô mon Dieu : tous comparaîtront devant vous.

Rivos ejus inebria, multiplica genimina ejus; * in stillicidiis ejus lætabitur germinans.

Benedices coronæ anni benignitatis tuæ, * et campi tui replebuntur ubertate.

Pinguescent speciosa deserti, * et exultatione colles accingentur.

Induti sunt arietes ovium, et valles abundabunt frumento : * clamabunt, etenim hymnum dicent.

Ant. Exaudi, Deus, orationem meam : ad te omnis caro veniet.

Ps. Domine, exaudi, *avec sa division*, page 192.

Ant. Vous me ferez vivre éternellement, Seigneur, pour la gloire de votre nom.

Ant. Propter nomen tuum Domine, vivificabis me.

CANTIQUE. Bar. 3.

Seigneur tout-puissant, Dieu d'Israël, l'âme dans la douleur qui la presse, et l'esprit dans l'inquiétude qui l'agite, crie vers vous.

Écoutez-nous, Seigneur, et ayez pitié de nous, parce que vous êtes un Dieu com-

Domine omnipotens, Deus Israel, * anima in angustiis, et spiritus anxius, clamat ad te.

Audi, Domine, et miserere, quia Deus es misericors : * et miserere nostri, quia peccavimus ante te.

Quia tu sedes in sempiternum; * et nos peribimus in ævum?

Domine omnipotens, Deus Israël, * audi nunc orationem mortuorum Israël,

Et filiorum ipsorum qui peccaverunt ante te, et non audierunt vocem Domini Dei sui, * et agglutinata sunt nobis mala.

Noli meminisse iniquitatum patrum nostrorum, * sed memento manus tuæ, et nominis tui in tempore isto.

Quia tu es Dominus Deus noster; * et laudabimus te, Domine.

Ant. Miserere nostri, Domine, quia peccavimus ante te.

patissant : faites-nous miséricorde, parce que nous avons péché en votre présence.

Seigneur, qui subsistez éternellement dans une paix souveraine, souffrirez-vous que nous périssions pour jamais?

Seigneur tout-puissant, Dieu d'Israël, écoutez maintenant la prière des morts d'Israël :

Écoutez les vœux des enfants de ceux qui ont péché devant vous, et qui, n'ayant point écouté la voix du Seigneur leur Dieu, nous ont attiré les maux qui nous accablent.

Daignez oublier, Seigneur, les iniquités de nos pères, et ne vous souvenez aujourd'hui que de votre main toute-puissante, et de la gloire de votre saint nom.

Car vous êtes le Seigneur notre Dieu; et nous vous louerons éternellement, Seigneur.

Ant. Faites-nous miséricorde, Seigneur, parce que nous avons péché en votre présence.

PSAUME 150.

Louez la sainteté du Seigneur : louez sa magnificence, qui brille dans le firmament.

Louez les effets de sa puissance : louez sa grandeur infinie.

Louez-le au son des trompettes : chantez ses louanges sur la harpe et sur la lyre.

Louez-le avec des tambours et des concerts de musique : louez-le sur la viole et sur le luth.

Louez-le sur les timbales harmonieuses, sur les timbales claires et résonnantes : que tout ce qui respire loue le Seigneur.

Ant. Que tout ce qui respire loue le Seigneur.

Laudate Dominum in Sanctis ejus : * laudate eum in firmamento virtutis ejus.

Laudate eum in virtutibus ejus : * laudate eum secundum multitudinem magnitudinis ejus.

Laudate eum in sono tubæ : * laudate eum in psalterio et cithara.

Laudate eum in tympano et choro : * laudate eum in chordis et organo.

Laudate eum in cymbalis benesonantibus : laudate eum in cymbalis jubilationis : * omnis spiritus laudet Dominum.

Ant. Omnis spiritus laudet Dominum.

CANTIQUE Benedictus, *plus haut page* 196.

Ant. Je suis la résurrection et la vie : celui qui croit en moi vivra, quand même il serait mort ; et quiconque vit et croit en moi ne mourra jamais.

Ant. Ego sum resurrectio et vita : qui credit in me, etiam si mortuus fuerit, vivet ; et omnis qui vivit et credit in me non morietur in æternum.

Pater noster, etc., comme à Vêpres (plus haut page 215), excepté qu'au lieu du ps. Lauda, on dit De Profundis, page 211.

POUR LE JOUR DE LA MORT

ET DE LA DÉPOSITION D'UN LAIQUE, AINSI QUE DU PREMIER ANNIVERSAIRE.

INTROÏT.

Requiem dabo tibi, dicit Dominus ; invenisti enim gratiam coram me, et teipsum novi ex nomine : ego ostendam omne bonum tibi. *Ps.* In te, Domine, speravi ; non confundar in æternum : * in justitia tua libera me, et eripe me. Requiem æternam dona eis, Domine ; * et lux perpetua luceat eis. Requiem dabo tibi, dicit Dominus.

Je vous donnerai le repos, dit le Seigneur ; car vous avez trouvé grâce devant moi, et je vous connais par votre nom : je vous ferai jouir de toutes sortes de biens. *Ps.* J'ai mis mon espérance en vous, Seigneur ; je ne serai pas confondu à jamais : délivrez-moi par votre justice, et tirez-moi de l'abîme. Donnez-leur, Seigneur, le repos éternel ; et que votre lumière luise à jamais sur eux. Je vous donnerai le repos, dit le Seigneur.

COLLECTE. *Pour un Mort.*

Inclina, Domine, aurem tuam ad preces nostras, quibus misericordiam tuam supplices deprecamur ; ut animam famuli tui *N.*, quam de hoc seculo migrare jus-

Seigneur, prêtez l'oreille aux prières par lesquelles nous conjurons humblement votre miséricorde de placer, dans le lieu de la paix et de la lumière, l'âme de votre serviteur *N.* que vous avez fait sortir de ce monde, et d'ordonner qu'elle soit associée à la gloire de vos saints ; Par notre Seigneur Jésus-Christ.

sisti, in pacis ac lucis regione constituas, et sanctorum tuorum jubeas esse consortem ; Per Dominum.

Pour une Morte.

Seigneur infiniment bon, nous vous supplions d'avoir pitié de l'âme de votre servante N., et de lui donner part au salut éternel, après que vous l'avez délivrée de la corruption de cette vie mortelle : Nous vous en supplions par N. S. J. C.

Quæsumus, Domine, pro tua pietate miserere animæ famulæ tuæ N., et a contagiis mortalitatis exutam, in æternæ salvationis partem restitue ; Per Dominum nostrum Jesum Christum.

Lecture de la 1. Épître de S. Paul aux Thess. Ch. 4.

Nous ne voulons pas, mes frères, que vous ignoriez ce qui regarde les morts ; afin que vous ne vous abandonniez point à la tristesse, comme les autres hommes qui n'ont point d'espérance. En effet, si nous croyons que Jésus est mort et est ressuscité, nous devons croire aussi que Dieu amènera avec Jésus ceux qui seront morts en lui. Aussi nous vous déclarons, comme l'ayant appris du Seigneur, que nous qui sommes en vie, et qui sommes réservés jusqu'à son avénement, nous ne préviendrons point ceux qui sont morts. Car dès que le signal aura été donné par la voix de l'archange et par la trompette de Dieu, le Seigneur lui-même descendra du ciel ; et ceux qui seront morts en Jésus-Christ ressusciteront les premiers : ensuite nous autres qui sommes en vie, et qui serons demeurés jusqu'alors, nous serons enlevés avec eux sur les nuées, pour aller dans les airs au-devant de Jésus-Christ ; et ainsi nous serons éternellement avec le Seigneur. Consolez-vous donc les uns les autres par ces vérités.

GRADUEL. Job. 14.

Expecto, Domine, donec veniat immutatio mea : vocabis me, et ego respondebo tibi : operi manuum tuarum porriges dexteram. ℣. Tu quidem gressus meos dinumerasti ; sed parce peccatis meis.

J'attends, Seigneur, que mon changement arrive : vous m'appellerez, et je vous répondrai : vous tendrez la main à l'ouvrage que vous avez formé. ℣. Je sais que vous avez compté tous mes pas ; mais pardonnez-moi mes péchés.

TRAIT. Ps. 142.

Non intres in judicium cum servo tuo, Domine ; quia non justificabitur in conspectu tuo omnis vivens. Expandi manus meas ad te ; anima mea sicut terra sine aqua tibi. Auditam fac mihi mane misericordiam tuam ; quia in te speravi. Spiritus tuus bonus deducet me in terram rectam : propter nomen tuum,

Seigneur, n'entrez point en jugement avec votre serviteur ; parce que nul homme vivant ne sera trouvé innocent devant vous. J'élève les mains vers vous ; et mon âme vous attend comme une terre sèche attend la pluie. Faites-moi entendre dès le matin la voix de votre miséricorde ; parce que j'ai mis en vous mon espérance. Que votre Esprit plein de

bonté me conduise dans le séjour de l'équité : Seigneur infiniment juste, faites-moi vivre éternellement, pour la gloire de votre nom.	Domine, vivificabis me in æquitate tua.

La Prose Dies Iræ, *plus haut p.* 202.

Suite du saint Évangile selon S. Jean. Ch. 11.

En ce temps-là, Marthe dit à Jésus : Seigneur, si vous eussiez été ici, mon frère ne serait pas mort; mais je sais que présentement même Dieu vous accordera tout ce que vous lui demanderez. Jésus lui répondit : Votre frère ressuscitera. Marthe lui dit : Je sais qu'il ressuscitera en la résurrection du dernier jour. Jésus lui repartit : Je suis la résurrection et la vie : celui qui croit en moi vivra, quand même il serait mort. Et quiconque vit, et croit en moi, ne mourra jamais. Croyez-vous cela? Elle lui répondit : Oui, Seigneur; je crois que vous êtes le Christ, le Fils du Dieu vivant, qui êtes venu dans le monde.

OFFERTOIRE. S. Jean. 5.

Celui qui écoute ma parole, et qui croit à celui qui m'a envoyé, a la vie éternelle : et il n'encourt pas la condamnation; mais il passe de la mort à la vie.	Qui verbum meum audit, et credit ei qui misit me, habet vitam æternam : et in judicium non venit; sed transit a morte in vitam.

SECRÈTE. *Pour un Mort.*

Nous vous supplions, Seigneur, de rendre profi-	Annue nobis, quæsumus, Domine, ut animæ

famuli tui *N.* hæc prosit oblatio ; quam immolando, totius mundi tribuisti relaxari delicta; Per eumdem Dominum nostrum Jesum Christum.

table à l'âme de votre serviteur *N.* l'offrande de cette hostie, à l'immolation de laquelle vous avez accordé le pardon des péchés de tous les hommes; Par le même Jésus-Christ notre Seigneur.

Pour une Morte.

His Sacrificiis, quæsumus, Domine, sine quibus a culpa nemo liber extitit, anima famulæ tuæ *N.* a peccatis omnibus exuatur ; et per hæc piæ placationis officia, perpetuam misericordiam consequatur; Per eumdem Dominum nostrum.

Daignez, Seigneur, purifier de toutes ses fautes l'âme de votre servante *N.*, par le mérite de ce Sacrifice, sans lequel personne n'a jamais été délivré du péché ; et que ces devoirs de religion, propres à apaiser votre colère, lui fassent obtenir la miséricorde éternelle ; Par le même Jésus-Christ.

Préface des Morts, plus haut page 205.

COMMUNION. Apoc. 14.

Beati mortui qui in Domino moriuntur : amodo, ut requiescant a laboribus suis; opera enim illorum sequuntur illos.

Heureux ceux qui meurent dans le Seigneur : ils vont se reposer de leurs travaux ; car leurs œuvres les suivent.

POSTCOMMUNION.

Pour un Mort.

Prosit, quæsumus, Domine, animæ famuli tui

Faites sentir, ô mon Dieu, à l'âme de votre serviteur

N., les effets de cette miséricorde que nous avons implorée pour elle; et daignez, par votre bonté infinie, l'unir éternellement à celui qui a fait l'objet de sa foi et de son espérance : Nous vous en supplions par le même J. C.

N., misericordiæ tuæ implorata clementia ; ut ejus in quo speravit et credidit, æternum capiat, te miserante, consortium ; Per eumdem Dominum nostrum Jesum Christum.

Pour une Morte.

Faites jouir de la lumière éternelle, Seigneur, l'âme de votre servante *N.*, à qui vous avez accordé, pendant sa vie mortelle, le gage et le sacrement de votre miséricorde ; Par Jésus-Christ notre Seigneur.

Inveniat, quæsumus, Domine, anima famulæ tuæ *N.* lucis æternæ consortium ; quæ in hac luce posita, misericordiæ tuæ consecuta est sacramentum ; Per Dominum.

Requiescat in pace. Amen.

Les troisième, septième et trentième jours après la mort d'un Laïque, on dit la Messe du jour de l'Enterrement, page 238. excepté les Oraisons suivantes :

COLLECTE.

Nous vous prions, Seigneur, de daigner mettre au nombre de vos saints et de vos élus l'âme de votre serviteur (*ou* servante) *N.*, dont nous célébrons le troisième) (*ou* septième) (*ou*

Quæsumus, Domine, ut animæ famuli tui (*ou* famulæ tuæ) *N.*, cujus depositionis diem tertium (*ou* septimum) (*ou* trigesimum) commemoramus, sanctorum atque electorum tuorum largiri digneris consortium, et rorem misericordiæ tuæ perennem infundas; Per. | trentième) jour de la mort, et de répandre sur elle l'éternelle rosée de votre miséricorde; Par notre Seigneur Jésus-Christ votre Fils, qui étant Dieu.

SECRÈTE.

Munera, quæsumus, Domine, quæ tibi pro anima famuli tui (*ou* famulæ tuæ) N. offerimus, placatus intende, ut remediis purgata cœlestibus, in tua pietate requiescat; Per Dominum nostrum Jesum Christum. | Nous vous prions, Seigneur, de regarder favorablement les présents que nous vous offrons pour l'âme de votre serviteur (*ou* servante) N., afin qu'étant purifiée par les remèdes célestes, elle repose dans le sein de votre bonté; Par notre Seigneur Jésus-Christ.

POSTCOMMUNION.

Omnipotens sempiterne Deus, famulum tuum (famulam tuam) N., cujus diem depositionis tertium (*ou* septimum) (*ou* trigesimum) celebramus, in sinu Abrahæ, Isaac et Jacob, collocare dignare; ut cum dies agnitionis tuæ venerit, inter Sanctos et electos tuos eum (eam) resuscitari præcipias; Per Dominum nostrum Jesum Christum Filium tuum. vit et règne avec vous, dans tous les siècles, etc. | Dieu tout-puissant et éternel, daignez placer dans le sein d'Abraham, d'Isaac et de Jacob, votre serviteur (*ou* servante) N., dont nous célébrons le troisième (*ou* septième) (*ou* trentième) jour de la mort; afin qu'au grand jour de votre manifestation, vous lui donniez part à la résurrection de vos Saints et de vos élus; Par notre Seigneur Jésus-Christ votre Fils, qui étant Dieu en l'unité du Saint-Esprit,

POUR LES ANNIVERSAIRES.

INTROÏT.

Le Seigneur vous donnera le repos éternel : il remplira votre âme de ses splendeurs, et il délivrera vos os. *Ps.* Comme le cerf altéré soupire après les eaux des torrents, ainsi mon âme soupire après vous, ô mon Dieu. Donnez-leur, Seigneur, le repos éternel, et que votre lumière luise à jamais sur eux. Le Seigneur vous donnera, etc.

Requiem tibi dabit Dominus semper, et implebit splendoribus animam tuam, et ossa tua liberabit. *Ps.* Quemadmodum desiderat cervus ad fontes aquarum ; * ita desiderat anima mea ad te, Deus. Requiem æternam dona eis, Domine ; * et lux perpetua luceat eis. Requiem.

COLLECTE.

Seigneur, Dieu des miséricordes, accordez à l'âme de votre serviteur (*ou* de votre servante) *N.* dont nous célébrons l'anniversaire, le lieu du rafraîchissement, du bonheur et du repos, de la lumière et de la gloire ; Par notre Seigneur Jésus-Christ votre Fils.

Deus indulgentiarum, Domine, da animæ famuli tui (famulæ tuæ) *N.*, cujus anniversarium depositionis diem commemoramus, refrigerii sedem, quietis beatitudinem, et luminis claritatem ; Per Dominum.

Au premier Anniversaire, on ne dit que l'Oraison précédente ; aux autres, on ajoute les suivantes.

POUR LES BIENFAITEURS.

Deus, veniæ largitor, et humanæ salutis amator : quæsumus clementiam tuam, ut nostræ congregationis fratres, propinquos, et benefactores, qui ex hoc seculo transierunt, beata Maria semper Virgine intercedente, cum omnibus Sanctis tuis, ad perpetuæ beatitudinis consortium pervenire concedas.	O Dieu, qui pardonnez aux pécheurs, et qui aimez le salut des hommes, nous supplions votre miséricorde, par l'intercession de la bienheureuse Marie toujours Vierge, et de tous vos Saints, de faire arriver à la béatitude éternelle nos frères, nos parents et nos bienfaiteurs, qui sont sortis de ce monde.

Pour tous les Morts.

Fidelium, Deus, omnium Conditor et Redemptor, animabus famulorum famularumque tuarum remissionem cunctorum tribue peccatorum; ut indulgentiam quam semper optaverunt, piis supplicationibus consequantur; Qui vivis et regnas cum Deo Patre.	O Dieu, qui êtes le Créateur et le Rédempteur de tous les fidèles, accordez aux âmes de vos serviteurs et de vos servantes la rémission de tous leurs péchés ; afin qu'elles obtiennent, par les très-humbles prières de votre Église, le pardon qu'elles ont toujours attendu de votre miséricorde ; Vous qui étant Dieu vivez et régnez.

L'Épître, ci-après, selon le jour de la Semaine.

GRADUEL. PS. 38.

Quæ est expectatio mea? nonne Dominus?	Qu'est-ce que j'attends ? n'est-ce pas le Seigneur ?

Tout mon bonheur est en vous, ô mon Dieu! Délivrez-moi de toutes mes iniquités. ℣. Cessez de me frapper : je suis près de succomber sous la pesanteur de votre main.

Et substantia mea apud te est. Ab omnibus iniquitatibus meis erue me. ℣. Amove a me plagas tuas : a fortitudine manus tuæ ego defeci.

TRAIT. **Jonas. 2.**

Au milieu des maux que je souffre, j'ai adressé mes cris au Seigneur : j'ai crié du fond du tombeau. Vous m'avez jeté dans le fond de l'abîme : tous les flots de votre colère sont tombés sur moi. Néanmoins je verrai encore votre saint temple ; et vous me tirerez de la corruption, ô Seigneur mon Dieu! Que ma prière monte jusqu'à vous : qu'elle s'élève jusqu'à votre saint temple.

Clamavi de tribulatione mea ad Dominum : de ventre inferi clamavi. Projecisti me in profundum : omnes gurgites tui et fluctus tui super me transierunt. Veruntamen rursus videbo templum sanctum tuum ; et sublevabis de corruptione vitam meam, Domine Deus meus. Veniat ad te oratio mea, ad templum sanctum tuum.

La Prose Dies iræ, *page* 202.

L'Évangile, ci-après, selon le jour de la Semaine.

OFFERTOIRE. **S. Jean. 6.**

La volonté de mon Père qui m'a envoyé, est que quiconque voit le Fils, et croit en lui, ait la vie éternelle ; et je le ressusciterai au dernier jour.

Hæc est voluntas Patris mei qui misit me, ut omnis qui videt Filium, et credit in eum, habeat vitam æternam ; et ego resuscitabo eum in novissimo die.

OFFICES DES MORTS.

SECRÈTE.

Propitiare, Domine, supplicationibus nostris, pro anima famuli tui (famulæ tuæ) *N.*, in cujus annua die tibi offerimus sacrificium laudis; ut eam Sanctorum tuorum consortio sociare digneris; Per Dominum nostrum Jesum Christum Filium tuum.

Écoutez favorablement, Seigneur, les prières que nous vous adressons pour l'âme de votre serviteur *N.* (*ou* de votre servante *N.*), dans ce jour de l'anniversaire de son décès : nous vous offrons pour elle ce sacrifice de louange, afin qu'il vous plaise l'admettre avec vos Saints à la jouissance de l'éternelle félicité ; Par N. S.

Pour les Bienfaiteurs.

Deus, cujus misericordiæ non est numerus, suscipe propitius preces humilitatis nostræ; et animabus fratrum, propinquorum, et benefactorum nostrorum, quibus tui nominis dedisti confessionem, per hæc Sacramenta salutis nostræ, cunctorum remissionem tribue peccatorum.

O Dieu, dont la miséricorde est infinie, écoutez favorablement les prières que nous vous adressons avec les sentiments d'une profonde humilité ; et accordez, par la vertu de ce Sacrement de notre salut, la rémission de tous leurs péchés, aux âmes de nos frères, de nos parents et de nos bienfaiteurs, à qui vous avez fait la grâce de confesser votre nom.

Pour tous les Morts.

Hostias, quæsumus, Domine, quas tibi pro ani-

Regardez avec bonté, Seigneur, ces hosties que

nous vous offrons pour les âmes de vos serviteurs et de vos servantes : et après leur avoir accordé la grâce de faire profession de la foi chrétienne, daignez aussi leur en donner la récompense ; **Par N. S. J. C.**

mabus famulorum famularumque tuarum offerimus, propitiatus intende ; ut quibus fidei christianæ meritum contulisti, dones et præmium. Per Dominum.

Préface des Morts, page 205.

COMMUNION. Job. 19.

Je sais que mon Rédempteur est vivant, et qu'au dernier jour je ressusciterai de la terre : je serai revêtu de ma chair, et je verrai mon Dieu : c'est là l'espérance qui repose dans mon sein.

Scio quod Redemptor meus vivit, et in novissimo die de terra surrecturus sum ; et in carne mea videbo Deum meum : reposita est hæc spes mea in sinu meo.

POSTCOMMUNION.

Faites, Seigneur, que l'âme de votre serviteur (*ou* de votre servante) N., dont nous célébrons l'anniversaire, soit purifiée par la vertu de ce sacrifice, et qu'elle obtienne de votre miséricorde le pardon de ses fautes, et le bonheur éternel ; **Par N. S. J. C.**

Præsta, quæsumus, Domine, ut anima famuli tui (famulæ tuæ) N., cujus anniversarium depositionis diem commemoramus, his purgata sacrificiis, indulgentiam pariter et requiem capiat sempiternam ; Per Dominum.

Pour les Bienfaiteurs.

Faites, s'il vous plaît, Dieu tout-puissant et misé-

Præsta, quæsumus, omnipotens et misericors

Deus, ut animæ fratrum, propinquorum et benefactorum nostrorum, pro quibus hoc sacrificium laudis tuæ obtulimus majestati, ejusdem virtute sacrificii, a peccatis omnibus expiatæ, lucis perpetuæ, te miserante, recipiant beatitudinem.

ricordieux, que les âmes de nos frères, de nos parents et de nos bienfaiteurs, pour lesquelles nous avons offert ce sacrifice de louanges à votre divine majesté, soient purifiées de tous leurs péchés par la vertu de ce même sacrifice, et qu'elles reçoivent de votre bonté infinie le bonheur de la lumière éternelle.

Pour tous les Morts.

Animabus, quæsumus, Domine, famulorum famularumque tuarum oratio proficiat supplicantium; ut eas et a peccatis omnibus exuas, et tuæ redemptionis facias esse participes; Qui vivis et regnas, cum Deo Patre, in unitate, etc.

Que les humbles prières que nous vous adressons, Seigneur, pour les âmes de vos serviteurs et de vos servantes, leur deviennent utiles; afin que vous les dégagiez de tous les liens de leurs péchés, et que vous les fassiez jouir du fruit de votre rédemption; Vous qui étant Dieu vivez et régnez.

LE LUNDI.

Lecture du livre des Machabées. L. 2. Ch. 12.

En ces jours-là, le très-vaillant Judas ayant recueilli, d'une quête qu'il fit faire, douze mille drachmes d'argent, les envoya à Jérusalem, afin qu'on offrît un sacrifice pour les péchés de ceux qui étaient morts, ayant de bons et de religieux sentiments touchant la résurrection. (Car s'il n'avait espéré que ceux qui avaient été tués ressusciteraient un jour, il eût regardé comme une chose vaine et superflue de prier pour les morts.) Ainsi il considérait qu'une grande miséricorde était réservée à ceux qui étaient morts dans la piété. C'est donc une sainte et salutaire pensée de prier pour les morts, afin qu'ils soient délivrés de leurs péchés.

Suite du saint Évangile selon S. Jean. Ch. 5.

En ce temps-là, Jésus dit aux Juifs : Le Père aime le Fils, et il lui montre tout ce qu'il fait lui-même : et il lui montrera des œuvres encore plus grandes que celles-ci ; en sorte que vous serez vous-mêmes dans l'admiration. Car comme le Père ressuscite les morts, et leur donne la vie ; de même le Fils donne la vie à qui il lui plaît. Aussi le Père ne juge personne : mais il a donné au Fils tout pouvoir de juger, afin que tous honorent le Fils, comme ils honorent le Père. Celui qui n'honore point le Fils, n'honore point le Père qui l'a envoyé. En vérité, en vérité, je vous le dis ; celui qui écoute ma parole, et qui croit à celui qui m'a envoyé, a la vie éternelle, et il ne tombe point dans la condamnation ; mais il est déjà passé de la mort à la vie.

LE MARDI.

Lecture de la 1. *Épître de S. Paul aux Cor.* Ch. 3.

Mes frères, personne ne peut poser d'autre fondement que celui qui a été posé, qui est Jésus-Christ. Que si l'on élève sur ce fondement un édifice d'or, d'argent, de pierres précieuses, de bois, de foin, de paille, l'ouvrage de chacun paraîtra enfin. Car le jour du Seigneur le fera connaître; parce qu'il sera découvert par le feu, et que le feu mettra à l'épreuve l'ouvrage de chacun. Celui qui aura élevé sur le fondement un ouvrage qui subsiste, en recevra la récompense. Celui dont l'ouvrage sera consumé par le feu, en souffrira la perte : il ne laissera pas néanmoins d'être sauvé, mais comme en passant par le feu.

Suite du saint Évangile selon S. Marc. Ch. 12.

En ce temps-là, Jésus dit aux Sadducéens : Ne voyez-vous pas que vous êtes dans l'erreur, faute de savoir les Écritures, et de connaître la puissance de Dieu? Car, après la résurrection des morts, les hommes n'auront point de femmes, ni les femmes de maris; mais ils seront comme les Anges dans le ciel. Pour ce qui est de la résurrection des morts, n'avez-vous point lu, dans le livre de Moïse, ce que Dieu lui dit, en lui parlant au milieu du buisson : Je suis le Dieu d'Abraham, le Dieu d'Isaac et le Dieu de Jacob? Or il n'est point le Dieu des morts, mais des vivants. Vous êtes donc bien dans l'erreur.

LE MERCREDI.

Lecture de la 1. Épître de S. Paul aux Cor. Ch. 15.

Mes frères, comme tous meurent par Adam, tous revivront aussi par Jésus-Christ; mais chacun à son rang : Jésus-Christ d'abord, comme les prémices ; puis ceux qui sont à Jésus-Christ, et qui ont cru en son avénement. Après quoi viendra la consommation de toutes choses, lorsqu'il aura remis son royaume à son Dieu et à son Père, et qu'il aura anéanti tout empire, toute domination et toute puissance. Car Jésus-Christ doit régner jusqu'à ce que Dieu ait mis tous ses ennemis sous ses pieds. Or la mort sera le dernier ennemi qui sera détruit.

Suite du saint Évangile selon S. Matthieu. Ch. 24.

En ce temps là, Jésus dit à ses disciples : L'avénement du Fils de l'homme sera comme l'éclair qui part de l'orient, et se fait voir jusqu'à l'occident. Quelque part que soit le corps, les aigles s'y assembleront. Mais aussitôt après ces jours d'affliction, le soleil s'obscurcira, et la lune ne donnera plus sa lumière ; les étoiles tomberont du ciel, et les vertus célestes seront ébranlées : alors le signe du Fils de l'homme paraîtra dans le ciel. Tous les peuples de la terre feront éclater leur douleur; et ils verront venir le Fils de l'homme sur les nuées du ciel, avec une grande puissance et une grande majesté. Il enverra ses Anges, qui feront entendre le son éclatant de la trompette, et qui rassembleront ses élus des quatre coins du monde, depuis une extrémité du ciel jusqu'à l'autre.

LE JEUDI.

Lecture du livre de l'Apocalypse de saint Jean. Ch. 20.

En ces jours-là, j'ai vu des morts, grands et petits, qui comparurent devant le trône; et des livres furent ouverts. On en ouvrit encore un autre, qui était le livre de vie; et les morts furent jugés selon leurs œuvres, sur ce qui était écrit dans ces livres. Et la mer rendit les morts qui étaient dans son sein; la mort et l'enfer rendirent aussi les morts qu'ils avaient: et chacun fut jugé selon ses œuvres. L'enfer et la mort furent jetés dans l'étang de feu. C'est là la seconde mort. Et tous ceux qui ne furent pas trouvés écrits dans le livre de vie furent jetés dans l'étang de feu.

Suite du saint Évangile selon S. Jean. Ch 6.

En ce temps là, Jésus dit au peuple : La volonté de mon Père qui m'a envoyé, est que quiconque voit le Fils, et croit en lui, ait la vie éternelle; et je le ressusciterai au dernier jour. Les Juifs se mirent donc à murmurer contre lui de ce qu'il avait dit, Je suis le pain vivant, qui suis descendu du ciel. Et ils disaient: N'est-ce pas là Jésus fils de Joseph, dont nous connaissons le père et la mère ? Comment donc dit-il qu'il est descendu du ciel? Jésus leur répondit : Ne murmurez point entre vous. Personne ne peut venir à moi, si mon Père, qui m'a envoyé, ne l'attire ; et je le ressusciterai au dernier jour.

LE VENDREDI.

Lecture du prophète Ézéchiel. Ch. 37.

En ces jours-là, la main du Seigneur fut sur moi ; et m'ayant mené dehors par l'esprit du Seigneur, elle me laissa au milieu d'une campagne qui était toute couverte d'os. Elle me mena tout autour de ces os. Il y en avait une très-grande quantité qui étaient sur la face de la terre, et extrêmement secs. Alors le Seigneur me dit : Fils de l'homme, croyez-vous que ces os puissent revivre? Je lui répondis : Seigneur, mon Dieu, vous le savez. Et il me dit : Prophétisez sur ces os, et dites-leur : Vous, os secs, écoutez la parole du Seigneur. Voici ce que le Seigneur dit à ces os : Je vais envoyer un esprit en vous, et vous vivrez. Je ferai naître des nerfs sur vous, j'y formerai des chairs et des muscles, j'étendrai la peau par-dessus, et je vous donnerai un esprit ; et vous vivrez, et vous saurez que c'est moi qui suis le Seigneur. Je prophétisai donc comme le Seigneur me l'avait commandé. Et lorsque je prophétisais, on entendit un bruit ; et aussitôt il se fit un grand remuement parmi ces os. Ils s'approchèrent l'un de l'autre, et chacun se plaça dans sa jointure. Je vis tout d'un coup que les nerfs se formèrent sur ces os; les chairs les environnèrent, et la peau s'étendit par-dessus : mais l'esprit n'y était point encore. Alors le Seigneur me dit : Prophétisez à l'esprit; prophétisez, fils de l'homme, et dites à l'esprit : Voici ce que dit le Seigneur votre Dieu : Esprit, venez des quatre vents, et soufflez sur ces morts, afin qu'ils revivent. Je prophétisai donc comme le Seigneur me l'avait commandé. Et en même temps l'esprit entra dans ces os : ils devinrent vivants et animés; ils se tinrent tout droits sur leurs pieds, et il s'en forma une grande armée.

Suite du saint Évangile selon S. Matthieu. Ch. 16.

En ce temps-là, Jésus dit à ses disciples : Que sert à un homme de gagner tout l'univers, s'il perd son âme? Que donnera t-il en échange pour elle? Car le Fils de l'homme viendra dans la gloire de son Père avec ses Anges : et alors il rendra à chacun selon ses œuvres.

LE SAMEDI.

Lecture du prophète Daniel. Ch. 12.

En ce temps-là, Michel le grand prince s'élèvera, lui qui est le protecteur des enfants de votre peuple. Et il viendra un temps qu'on n'en aura jamais vu un semblable jusqu'alors, depuis que les peuples ont été établis. En ce temps-là, tous ceux de votre peuple qui seront trouvés écrits dans le livre, seront sauvés. Et toute cette multitude de ceux qui dorment dans la poussière du tombeau se réveilleront, les uns pour la vie éternelle, et les autres pour un opprobre éternel qu'ils auront toujours devant les yeux.

Suite du saint Évangile selon S. Marc. Ch. 13.

En ce temps-là, Jésus dit à Pierre, à Jacques, à Jean et à André : Le Fils de l'homme enverra ses Anges pour rassembler ses élus des quatre coins du monde, depuis les extrémités de la terre jusqu'aux extrémités du ciel. Apprenez une comparaison tirée du figuier. Lorsque ses branches sont tendres et que ses feuilles commencent à paraître, vous connaissez que l'été est proche. De même, lorsque vous verrez arriver ces choses, sachez que le Fils de l'homme est proche, et qu'il est à la porte. Je vous dis en vérité que cette génération ne passera point, que tout cela n'arrive. Le ciel et la terre passeront; mais mes paroles ne passeront point. Quant à ce jour et à cette heure-là, personne (excepté le Père) n'en a connaissance.

POUR LES MESSES QUOTIDIENNES, OU VOTIVES.

RUBRIQUE

SUR LES MESSES QUOTIDIENNES OU VOTIVES.

Les Jeudi, Vendredi et Samedi Saint, les jours de fêtes annuelles et solennelles du Seigneur, au nombre desquelles il faut comprendre l'Annonciation, la Purification et l'anniversaire de la Dédicace, on ne dit jamais de messes votives, non pas même une grande messe pour les morts, le corps présent.

Aux autres solennels, aux fêtes doubles, tous les Dimanches de l'année, pendant l'octave de Pâques, de la Pentecôte, de Noël, de l'Épiphanie et de l'Ascension, aux veilles des fêtes annuelles, on ne dit aucune messe votive, si ce n'est pour les morts, le corps présent.

S'il y a quelque messe de fondation, de dévotion ou de confrérie pour l'un des jours marqués ci-dessus, on dira la messe du jour avec mémoire de la messe votive, si ce n'est aux annuels et aux grands solennels, où l'on ne fait aucune mémoire.

INTROÏT. Lament. 3. Ps. 129.

Inundaverunt aquæ super caput meum : invocavi nomen tuum, Domine, de lacu novissimo : vocem meam audisti ; ne avertas aurem tuam a singultu meo, et clamoribus. *Ps.* De profundis clamavi ad te, Domine : * Domine,	Les flots m'ont submergé, et du fond des eaux de la mer j'ai invoqué votre nom, Seigneur : vous avez entendu ma voix : ne soyez pas insensible à mes gémissements et à mes cris. *Ps.* Seigneur, je crie vers vous du fond de l'abîme : Sei-

gneur, écoutez ma voix. Donnez-leur, Seigneur, le repos éternel; et que votre lumière luise à jamais sur eux. Les flots m'ont submergé, et du fond des eaux de la mer, etc.

exaudi vocem meam. Requiem æternam dona eis, Domine; *et lux perpetua luceat eis. Inundaverunt.

Pour un Mort.

COLLECTE.

Seigneur, prêtez l'oreille aux prières que nous vous adressons pour conjurer humblement votre miséricorde de placer, dans le lieu de la paix et de la lumière, l'âme de votre serviteur N., que vous avez fait sortir de ce monde, et d'ordonner qu'elle soit associée à la gloire de vos Saints; Par notre Seigneur Jésus-Christ votre Fils, qui étant Dieu.

Inclina, Domine, aurem tuam ad preces nostras, quibus misericordiam tuam supplices deprecamur, ut animam famuli tui N., quam de hoc seculo migrare jussisti, in pacis ac lucis regione constituas, et Sanctorum tuorum jubeas esse consortem; Per Dominum nostrum Jesum Christum Filium tuum.

Pour une Morte.

Seigneur infiniment bon, nous vous supplions d'avoir pitié de l'âme de votre servante N., afin que, délivrée de la corruption de la vie présente, elle participe au salut éternel; Par notre Seigneur Jésus-Christ.

Quæsumus, Domine, pro tua pietate miserere animæ famulæ tuæ N., et a contagiis mortalitatis exutam, in æternæ salvationis partem restitue; Per Dominum.

Pour les Bienfaiteurs.

Deus, veniæ largitor, et humanæ salutis amator, quæsumus clementiam tuam, ut nostræ congregationis fratres, propinquos et benefactores, qui ex hoc seculo transierunt, beata Maria semper Virgine intercedente cum omnibus Sanctis tuis, ad perpetuæ beatitudinis consortium pervenire concedas.

O Dieu, qui pardonnez aux pécheurs, et qui aimez le salut des hommes, nous supplions votre miséricorde, par l'intercession de la bienheureuse Marie toujours Vierge, et de tous vos Saints, de faire arriver à la béatitude éternelle nos frères, nos parents et nos bienfaiteurs, qui sont sortis de ce monde.

Pour tous les Morts.

Fidelium, Deus, omnium Conditor et Redemptor, animabus famulorum, famularumque tuarum remissionem cunctorum tribue peccatorum; ut indulgentiam quam semper optaverunt, piis supplicationibus consequantur; Qui vivis et regnas cum Deo Patre in unitate, etc.

O Dieu, qui êtes le Créateur et le Rédempteur de tous les fidèles, accordez aux âmes de vos serviteurs et de vos servantes la rémission de tous leurs péchés, afin qu'elles obtiennent, par les très-humbles prières de votre Église, le pardon qu'elles ont toujours attendu de votre miséricorde; Vous qui vivez et régnez avec Dieu le Père, etc.

L'Épître, ci-après, selon le jour de la Semaine.

GRADUEL. Ps. 22.

Si ambulem in medio umbræ mortis, non timebo mala; quoniam tu

Quand je marcherais au milieu des ombres de la mort, je ne craindrais rien;

parce que vous êtes avec moi, Seigneur. ℣. Votre verge et votre bâton me rassurent et me consolent.

mecum es, Domine. ℣. Virga tua et baculus tuus, ipsa me consolata sunt.

TRAIT. 2 Rois. 22.

Le Seigneur est mon rocher : il est ma force et mon Sauveur. Les liens du tombeau m'environnent, et je suis enveloppé des filets de la mort. Je ne cesserai d'invoquer le Seigneur dans mon affliction, et de pousser des cris vers mon Dieu. De son temple il entendra ma voix, et mes cris pénétreront jusqu'à ses oreilles.

Dominus petra mea, et robur meum, et Salvator meus. Funes inferni circumdederunt me : prævenerunt me laquei mortis. In tribulatione mea invocabo Dominum, et ad Deum meum clamabo. Et exaudiet de templo suo vocem meam, et clamor meus veniet ad aures ejus.

L'Évangile, ci-après, selon le jour de la Semaine.

OFFERTOIRE. Esther, 13.

Seigneur roi, Dieu d'Abraham, ayez pitié de votre peuple : ne méprisez pas ce peuple que vous vous êtes rendu propre : soyez favorable à ceux que vous avez pris pour votre partage : changez, Seigneur, nos larmes en joie, afin que nous vivions, et que nous chantions à jamais la gloire de votre nom.

Domine rex, Deus Abraham, miserere populi tui : ne despicias partem tuam, quam redemisti tibi ; et propitius esto sorti et funiculo tuo : converte luctum nostrum in gaudium, ut viventes laudemus nomen tuum, Domine.

Pour un Mort.

SECRÈTE.

Annue nobis, quæsumus, Domine, ut animæ famuli tui N. hæc prosit oblatio ; quam immolando, totius mundi tribuisti relaxari delicta ; Per eumdem Dominum nostrum Jesum Christum Filium tuum.

Accordez à nos prières, Seigneur, que l'offrande de cette hostie, dont l'immolation a procuré à tous les hommes le pardon de leurs péchés, soit profitable à l'âme de votre serviteur N. Nous vous en supplions par le même Jésus-Christ votre Fils.

Pour une Morte.

His Sacrificiis, quæsumus, Domine, sine quibus a culpa nemo liber extitit, anima famulæ tuæ N. a peccatis omnibus exuatur ; et per hæc piæ placationis officia, perpetuam misericordiam consequatur ; Per eumdem Dominum nostrum Jesum Christum.

Daignez, Seigneur, purifier de toutes ses fautes l'âme de votre servante N., par le mérite de ce Sacrifice, sans lequel personne n'a jamais été délivré du péché ; et que ces devoirs de religion, propres à apaiser votre colère, lui fassent obtenir la miséricorde éternelle; Par le même Jésus-Christ votre Fils.

Pour les Bienfaiteurs.

Deus, cujus misericordiæ non est numerus, suscipe propitius preces humilitatis nostræ ; et animabus fratrum, pro-

O Dieu, dont la miséricorde est infinie, écoutez favorablement les prières que nous vous adressons avec les sentiments d'une profonde humilité; et accordez, par la vertu de ce Sacrement de notre salut, la rémission de tous leurs péchés aux âmes de nos frères, de nos parents et de nos bienfaiteurs, à qui vous avez fait la grâce de confesser votre nom.

pinquorum, et benefactorum nostrorum, quibus tui nominis dedisti confessionem, per hæc Sacramenta salutis nostræ, cunctorum remissionem tribue peccatorum.

Pour tous les Morts.

Regardez avec bonté, Seigneur, ces hosties que nous offrons pour les âmes de vos serviteurs et de vos servantes : et, après leur avoir accordé la grâce de faire profession de la foi chrétienne, daignez aussi leur en donner la récompense ; Par N. S.

Hostias, quæsumus, Domine, quas tibi pro animabus famulorum, famularumque tuarum offerimus, propitiatus intende; ut quibus fidei christianæ meritum contulisti, dones et præmium; Per.

Préface des Morts, page 205.

COMMUNION. Ps. 114.

Entrez dans votre repos, ô mon âme, parce que le Seigneur vous a comblée de ses grâces ; je ne serai occupé qu'à plaire au Seigneur dans la terre des vivants.

Convertere, anima mea, in requiem tuam; quia Dominus beneficit tibi : placebo Domino in regione vivorum.

OFFICES DES MORTS.

Pour un Mort.

POSTCOMMUNION.

Prosit, quæsumus, Domine, animæ famuli tui N. misericordiæ tuæ implorata clementia; ut ejus in quo speravit et credidit, æternum capiat, te miserante, consortium; Per eumdem Dominum nostrum.

Faites sentir, ô mon Dieu, à l'âme de votre serviteur N. les effets de cette miséricorde que nous avons implorée pour elle; et daignez, par votre bonté infinie, l'unir éternellement à celui qui a fait l'objet de sa foi et de son espérance; Nous vous en supplions par le même.

Pour une Morte.

Inveniat, quæsumus, Domine, anima famulæ tuæ N. lucis æternæ consortium; quæ in hac luce posita, misericordiæ tuæ consecuta est Sacramentum; Per Dominum.

Faites jouir de la lumière éternelle, Seigneur, l'âme de votre servante N., à qui vous avez accordé, pendant sa vie mortelle, le gage et le Sacrement de votre miséricorde; Par notre Seigneur Jésus-Christ.

Pour les Bienfaiteurs.

Præsta, quæsumus, omnipotens et misericors Deus, ut animæ fratrum, propinquorum et benefactorum nostrorum pro quibus hoc sacrificium laudis tuæ obtulimus majestati, ejusdem virtute sacrificii, a peccatis om-

Faites, s'il vous plaît, Dieu tout-puissant et miséricordieux, que les âmes de nos frères, de nos parents et de nos bienfaiteurs, pour lesquelles nous avons offert ce sacrifice de louange à votre divine majesté, soient purifiées de tous leurs péchés par la vertu de ce même sacrifice, et qu'elles reçoivent de votre bonté infinie le bonheur de la lumière éternelle.

nibus expiatæ, lucis perpetuæ, te miserante, recipiant beatitudinem.

Pour tous les Morts.

Que les humbles prières que nous vous adressons, Seigneur, pour les âmes de vos serviteurs et de vos servantes, leur deviennent utiles; afin que vous les dégagiez de tous les liens de leurs péchés, et que vous les fassiez jouir du fruit de votre rédemption: Vous qui étant Dieu vivez et régnez.

Animabus, quæsumus, Domine, famulorum famularumque tuarum, oratio proficiat supplicantium; ut eas et a peccatis omnibus exuas, et tuæ redemptionis facias esse participes; Qui vivis et regnas, cum Deo Patre, etc.

LE LUNDI.

Lecture du livre de l'Apocalypse de S. Jean. Ch. 14.

En ces jours-là, j'entendis une voix qui venait du ciel, et qui me dit: Écrivez: Heureux les morts qui meurent dans le Seigneur. Dès à présent, dit l'Esprit, ils vont se reposer de leurs travaux; car leurs œuvres les suivent.

Suite du saint Évangile selon S. Jean. Ch. 6.

En ce temps-là, Jésus dit aux Juifs: Tous ceux que mon Père me donne viendront à moi; et je ne jetterai point dehors celui qui vient à moi. Car je suis descendu du ciel, non pour faire ma volonté, mais pour faire la volonté de celui qui m'a envoyé. Or, la volonté de mon Père qui m'a envoyé, est que je ne perde aucun de tous ceux qu'il m'a donnés; mais que je les ressuscite au dernier jour. La volonté de mon Père qui m'a envoyé, est que quiconque voit le Fils, et croit en lui, ait la vie éternelle; et je le ressusciterai au dernier jour.

LE MARDI.

Lecture de la I. Épître de S. Paul aux Cor. Ch. 15.

Mes frères, puisqu'on vous a prêché que Jésus-Christ est ressuscité, comment s'en trouve-t-il parmi vous qui osent dire que les morts ne ressuscitent point? Que si les morts ne ressuscitent point, Jésus-Christ n'est donc pas ressuscité. Et si Jésus-Christ n'est pas ressuscité, c'est en vain que nous prêchons, et c'est en vain que vous croyez. Nous serons même convaincus d'avoir été de faux témoins à l'égard de Dieu; puisque nous avons rendu témoignage contre Dieu même, en disant qu'il a ressuscité Jésus-Christ, lequel il n'a point ressuscité, si les morts ne ressuscitent point. Car si les morts ne ressuscitent point, Jésus-Christ n'est pas non plus ressuscité. Que si Jésus-Christ n'est pas ressuscité, c'est en vain que vous croyez : car vous êtes encore dans vos péchés. Ceux qui sont morts en Jésus-Christ sont donc péris sans ressource. Si l'espérance que nous avons en Jésus-Christ n'est que pour cette vie, nous sommes les plus misérables de tous les hommes. Mais maintenant Jésus-Christ est ressuscité ; et il est devenu les prémices des morts. Car c'est par un homme que la mort est venue; c'est aussi par un homme que vient la résurrection.

Suite du saint Évangile selon S. Jean. Ch. 5.

En ce temps-là, Jésus dit aux Juifs : Celui qui écoute ma parole, et qui croit à celui qui m'a envoyé, a la vie éternelle, et il ne tombe point dans la condamnation ; mais il est déjà passé de la mort à la vie. En vérité, en vérité je vous le dis ; le temps va venir, et il est déjà venu, où les morts entendront la voix du Fils de Dieu ; et ceux qui l'auront entendue vivront.

LE MERCREDI.

Lecture du livre de l'Ecclésiastique. Ch. 7.

La libéralité est agréable à tous ceux qui vivent; et n'empêchez pas qu'elle ne s'étende sur les morts. Ne manquez pas à consoler ceux qui sont dans la tristesse, et pleurez avec ceux qui pleurent. Ne soyez point paresseux à visiter les malades : car c'est ainsi que vous vous affermirez dans la charité. Souvenez-vous dans toutes vos actions de votre dernière fin, et vous ne pécherez jamais.

Suite du saint Évangile selon S. Jean. Ch. 6.

En ce temps-là, Jésus dit aux Juifs : Personne ne peut venir à moi, si mon Père qui m'a envoyé ne l'attire; et je le ressusciterai au dernier jour. Il est écrit dans les Prophètes : Ils seront tous enseignés de Dieu. Tous ceux donc qui ont ouï la voix du Père, et qui ont appris de lui, viennent à moi. Ce n'est pas qu'aucun homme ait vu le Père, si ce n'est celui qui est né de Dieu : c'est celui-là qui a vu le Père. En vérité, en vérité je vous le dis; celui qui croit en moi, a la vie éternelle.

LE JEUDI.

Lecture du prophète Malachie. Ch. 4.

Voici ce que dit le Seigneur : Il viendra un jour de feu, semblable à une fournaise ardente. Tous les superbes, et tous ceux qui commettent l'impiété, seront alors comme de la paille; et ce jour qui doit venir les embrasera, dit le Seigneur des armées, sans leur laisser ni enfants ni postérité. Le soleil de justice se lèvera sur vous, qui avez une crainte respectueuse pour mon nom; et vous trouverez votre salut sous ses ailes : vous sortirez alors, et vous tressaillirez de joie, comme les jeunes bœufs d'un troupeau qui bondissent sur l'herbe. Vous foulerez aux pieds les impies, lorsqu'ils seront devenus comme de la cendre sous la plante de vos pieds, en ce jour où j'agirai moi-même, dit le Seigneur des armées. Souvenez-vous de la loi de Moïse mon serviteur, que je lui ai donnée sur la montagne d'Oreb, afin qu'il portât à tout le peuple d'Israël mes préceptes et mes ordonnances. Je vous enverrai le prophète Élie, avant que le grand et l'épouvantable jour du Seigneur arrive : et il réunira le cœur des pères avec leurs enfants, et le cœur des enfants avec leurs pères ; de peur qu'en venant je ne frappe la terre d'anathème.

Suite du saint Évangile selon S. Jean. Ch. 6.

En ce temps-là, Jésus dit aux Juifs : En vérité, en vérité je vous le dis ; si vous ne mangez la chair du Fils de l'homme, et si vous ne buvez son sang, vous n'aurez point la vie en vous. Celui qui mange ma chair, et boit mon sang, a la vie éternelle ; et je le ressusciterai au dernier jour.

LE VENDREDI.

Lecture du prophète Baruch. Ch. 3.

Maintenant, Seigneur tout-puissant, Dieu d'Israël, l'âme dans la douleur qui la presse, et l'esprit dans l'inquiétude qui l'agite, crie vers vous. Écoutez, Seigneur, et ayez compassion de nous ; parce que vous êtes un Dieu compatissant : faites-nous miséricorde, parce que nous avons péché en votre présence. Vous,

Seigneur, qui subsistez éternellement dans une paix souveraine, souffrirez-vous que nous périssions pour jamais? Seigneur tout-puissant, Dieu d'Israël, écoutez maintenant la prière des morts d'Israël.

Suite du saint Évangile selon S. Matthieu. Ch. 24.

En ce temps-là, Jésus dit à ses disciples : Le ciel et la terre passeront; mais mes paroles ne passeront point. Quant à ce jour et à cette heure-là, nul autre que mon Père n'en a connaissance, pas même les Anges du ciel. Et il arrivera, à l'avénement du Fils de l'homme, ce qui arriva au temps de Noé. Car comme avant le déluge les hommes mangeaient et buvaient, épousaient des femmes et mariaient leurs filles, jusqu'au jour que Noé entra dans l'Arche; et qu'ils ne pensèrent au déluge que lorsqu'il arriva, et les fit tous périr : il en sera de même à l'avénement du Fils de l'homme. Alors de deux hommes qui seront dans un champ, l'un sera pris, et l'autre sera laissé. De deux femmes qui moudront dans un moulin, l'une sera prise, et l'autre sera laissée. Veillez donc; car vous ne savez pas à quelle heure votre Seigneur viendra.

LE SAMEDI.

Lecture du livre du prophète Joël. Ch. 3.

Voici ce que dit le Seigneur : Que les peuples viennent se rendre à la vallée de Josaphat; j'y paraîtrai assis sur mon trône, pour y juger tous les peuples qui y viendront de toutes parts. Mettez la faucille dans le blé, parce qu'il est déjà mûr. Venez, et descendez : le pressoir est plein, les cuves regorgent, parce que leur malice est montée à son comble. Accourez, peuples, accourez dans la vallée du carnage ; parce que le jour du Seigneur est proche, et il éclatera dans cette vallée. Le soleil et la lune se couvriront de ténèbres, et les étoiles retireront toute leur lumière. Le Seigneur rugira du haut de Sion, et sa voix retentira du milieu de Jérusalem : le ciel et la terre trembleront.

Suite du saint Évangile selon S. Marc. Ch. 13.

En ce temps-là, Jésus dit à Pierre, à Jacques, à Jean et à André : Le soleil s'obscurcira, et la lune ne donnera plus sa lumière : les étoiles du ciel tomberont, et les vertus célestes seront ébranlées. Alors on verra le Fils de l'homme sur les nuées, avec une grande puissance et une grande gloire. Il enverra au même temps ses Anges, pour rassembler ses Élus des quatre coins du monde, depuis les extrémités de la terre jusqu'aux extrémités du ciel.

AUTRE MESSE QUOTIDIENNE,

A DÉVOTION.

INTROÏT. 4. Esdras. 2. Ps. 64.

Requiem æternam dona eis, Domine; et lux perpetua luceat eis. *Ps.* Te decet hymnus, Deus, in Sion; et tibi reddetur votum in Jerusalem : * exaudi orationem meam : ad te omnis caro veniet. Requiem æternam dona eis, Domine.	Donnez-leur, Seigneur, le repos éternel, et faites luire sur eux cette lumière qui ne s'éteint jamais. *Ps.* C'est dans Sion qu'il convient de vous louer, ô mon Dieu! c'est à Jérusalem qu'il faut vous offrir des vœux ; vous y exaucez la prière, et tous les hommes de la terre viendront vous y adorer. Donnez-leur.

Les Collectes, ci-devant, p. 259.

[*En particulier pour un Père et une Mère.*

Deus, qui nos patrem et matrem honorare præcepisti, miserere clementer animabus patris ac matris meæ, eorumque peccata dimitte; meque eos in æternæ claritatis gaudio fac videre; Per Dominum nostrum.]	O Dieu, qui nous avez commandé d'honorer notre père et notre mère, ayez pitié, par votre bonté, des âmes de mon père et de ma mère : pardonnez-leur leurs péchés, et faites que je les voie un jour dans le séjour de la gloire éternelle ; Par notre Seigneur J. C.]

L'Épître, ci-devant, selon le jour de la Semaine.

OFFICES DES MORTS.

GRADUEL. Ps. 22.

Quand je marcherais au milieu des ombres de la mort, je ne craindrais rien, parce que vous êtes avec moi, Seigneur. ℣. Votre verge et votre bâton me rassurent et me consolent.

Si ambulem in medio umbræ mortis, non timebo mala; quoniam tu mecum es, Domine. ℣. Virga tua et baculus tuus, ipsa me consolata sunt.

TRAIT. Ps. 41.

Comme le cerf altéré soupire avec ardeur après les eaux des torrents; ainsi mon âme soupire après vous, ô mon Dieu! Mon âme brûle d'une soif ardente pour le Dieu fort, le Dieu vivant : quand irai-je me présenter devant lui? Mes larmes me tiennent lieu de nourriture le jour et la nuit, pendant qu'on m'insulte, en me disant à toute heure : Où est votre Dieu?

Sicut cervus desiderat ad fontes aquarum; ita desiderat anima mea ad te, Deus. Sitivit anima mea ad Deum fortem, vivum : quando veniam, et apparebo ante faciem Dei? Fuerunt mihi lacrymæ meæ panes die ac nocte, dum dicitur mihi per singulos dies : Ubi est Deus tuus?

L'Évangile, ci-devant, selon le jour de la Semaine.

OFFERTOIRE.

Seigneur J. C., roi de gloire, délivrez des peines de l'enfer les âmes de tous les fidèles qui sont morts : délivrez-les de ce lac de maux et de douleurs; délivrez-les de la gueule du lion : qu'elles ne soient point

Domine Jesu Christe, rex gloriæ, libera animas omnium fidelium defunctorum de manu inferni, et de profundo lacu : libera eas de ore leonis, ne absorbeat eas tartarus, ne cadant in obscurum :

séd signifer sanctus Michael repræsentet eas in lucem sanctam, quam olim Abrahæ promisisti et semini ejus.

englouties dans le puits de l'abîme, ni précipitées dans les ténèbres; mais que le prince des Anges, S. Michel, les conduise dans cette lumière que vous avez promise autrefois à Abraham et à sa postérité.

Les Secrètes, ci-devant, p. 262.

[*Pour un Père et une Mère.*

Suscipe sacrificium, Domine, quod tibi pro animabus patris et matris meæ offero : eisque gaudium sempiternum in regione vivorum concede; meque cum illis felicitati Sanctorum conjunge; Per Dominum.]

Daignez, Seigneur, recevoir ce sacrifice, que je vous offre pour les âmes de mon père et de ma mère : et accordez-leur de jouir du bonheur éternel dans la terre des vivants; et à moi, de participer avec eux à la gloire des Saints; Par notre Seigneur Jésus-Christ.]

COMMUNION.

Lux æterna luceat eis, Domine, cum Sanctis tuis in æternum; quia pius es. 4. *Esdr.* 2. *Apoc.* 15.

Faites luire sur eux, Seigneur, votre éternelle lumière, dans la compagnie de vos Saints, dans tous les siècles : accordez-leur cette grâce, ô Dieu plein de bonté!

Les Postcommunions, ci-devant, p. 264.

[*Pour un Père et une Mère.*

Cœlestis participatione Sacramenti, da mihi,

Faites, Seigneur, qu'après avoir participé à ce céleste

sacrement, je vous offre de dignes prières ; afin qu'elles puissent obtenir pour mon père et ma mère la jouissance de la lumière éternelle, et que votre grâce me couronne à jamais avec eux dans le séjour du bonheur et de la paix ; Par notre Seigneur J. C.]

Domine, mundas tibi preces offerre; ut et animabus patris et matris meæ lucem valeam obtinere perpetuam, et me in eorum consortio gratia tua coronet æterna; Per Dominum nostrum Jesum Christum.]

MESSE DES MORTS.

Pour le jour de la mort et de l'enterrement d'un Évêque ou d'un Prêtre.

INTROÏT. Ps. 83.

Regardez favorablement, ô mon Dieu, celui que vous avez consacré par votre onction ; car un seul jour dans votre maison vaut mieux que mille partout ailleurs : comme le Seigneur notre Dieu aime la miséricorde et la vérité, il donnera la grâce et la gloire. *Ps.* Que vos tabernacles sont aimables, Seigneur des armées ! Mon âme languit et se consume du désir d'entrer dans la maison du Seigneur. Don-

Respice, Deus, in faciem christi tui; quia melior est dies una in atriis tuis super millia : quia misericordiam et veritatem diligit Deus, gratiam et gloriam dabit Dominus. *Ps.* Quam dilecta tabernacula tua, Domine virtutum ! * concupiscit et deficit anima mea in atria Domini. Requiem æternam dona eis, Domine; * et lux perpetua luceat eis. Respice, Deus, in faciem christi tui ; quia melior est, etc.

nez-leur le repos éternel, Seigneur, et que votre lumière luise à jamais sur eux. Regardez.

COLLECTE.

Deus, qui inter Apostolicos sacerdotes famulum tuum N. pontificali (*ou* sacerdotali) fecisti dignitate vigere : præsta, ut eorum quoque perpetuo aggregetur consortio; Per.

O Dieu, qui avez élevé votre serviteur N. à la dignité d'évêque (*ou* de prêtre), en lui donnant part au sacerdoce des Apôtres, faites aussi qu'il jouisse éternellement avec eux de la gloire céleste ; Par **N. S. J. C.**

Lecture de la 2. Épître de S. Paul aux Cor. Ch. 5.

Mes frères, nous savons que si cette maison de terre, où nous habitons, vient à se détruire, Dieu nous donnera dans le ciel une autre maison, une maison qui ne sera point faite de main d'homme, et qui durera éternellement. C'est pour cela que nous gémissons, désirant que notre demeure céleste nous soit comme un second vêtement; si toutefois nous sommes trouvés vêtus, et non pas nus. Car, pendant que nous sommes dans ce corps, nous gémissons sous sa pesanteur; parce que nous désirons, non pas d'en être dépouillés, mais d'être comme revêtus par-dessus : en sorte que ce qu'il y a de mortel en nous soit absorbé par la vie. Or c'est Dieu qui nous a formés pour cela même, et qui nous a donné pour arrhes son Esprit. Nous sommes donc toujours pleins de confiance : et comme nous savons que pendant que nous habitons dans ce corps nous sommes éloignés du Seigneur, et hors de notre patrie, parce que nous marchons vers lui par la foi, et que nous ne le voyons pas encore à découvert; dans cette confiance que nous avons, nous aimons mieux être séparés de ce corps, pour jouir de la vue du Seigneur. C'est pourquoi toute notre ambition est d'être agréables à Dieu soit que nous soyons éloignés de lui, soit que nous soyons en sa présence. Car il faut que nous paraissions tous devant le tribunal de Jésus Christ, afin que chacun reçoive ce qui est dû aux bonnes ou mauvaises actions qu'il aura faites pendant qu'il était revêtu de son corps. Sachant donc combien le Seigneur est redoutable, nous tâchons de persuader les hommes de notre innocence; mais Dieu nous connaît.

GRADUEL. Ps. 39 et 85.

| Je n'ai point caché votre miséricorde et votre vérité : n'éloignez donc pas de moi, Seigneur, les effets de votre bonté. ℣. Ayez pitié de moi, Seigneur, parce que je crie vers vous durant tout le jour : répandez la joie dans l'âme de votre serviteur; car vous êtes bon, Seigneur : vous êtes plein de clémence et de miséricorde. | Non abscondi misericordiam tuam, et veritatem tuam : tu autem, Domine, ne longe facias miserationes tuas a me. ℣. Miserere mei, Domine; quoniam ad te clamavi tota die : lætifica animam servi tui; quoniam tu, Domine, suavis et mitis, et multæ misericordiæ. |

TRAIT. Ps. 42.

| Faites briller sur moi, Seigneur, votre lumière et | Emitte lucem tuam, Deus, et veritatem tuam : |

ipsa me deduxerunt, et adduxerunt in montem sanctum tuum, et in tabernacula tua. Quare tristis es, anima mea? et quare conturbas me? Spera in Deo; quoniam adhuc confitebor illi : salutare vultus mei, et Deus meus.	votre vérité : ce sont elles qui m'ont conduit sur votre sainte montagne, et qui m'ont fait entrer jusque dans votre sanctuaire. Pourquoi êtes-vous triste, ô mon âme? et pourquoi me troublez-vous? Espérez en Dieu, car je lui rendrai encore des actions de grâces : il est mon Sauveur, il est mon Dieu.

PROSE, plus haut p. 202.

Suite du saint Évangile selon S. Jean. Ch. 4.

En ce temps-là, Jésus dit à ses disciples : Ma nourriture est de faire la volonté de celui qui m'a envoyé, et d'accomplir son œuvre. Ne dites-vous pas : Il y a encore quatre mois jusqu'à la moisson? et moi, je vous dis : Levez les yeux, et voyez les campagnes qui sont déjà blanches, et prêtes à moissonner. Et celui qui moissonne reçoit son salaire, et amasse les fruits pour la vie éternelle; afin que celui qui sème soit dans la joie, comme celui qui moissonne. Car ce que l'on dit d'ordinaire, est vrai en cette rencontre : que l'un sème, et l'autre moissonne. Je vous ai envoyé moissonner où vous n'avez pas travaillé; d'autres ont travaillé, et vous êtes entrés dans leurs travaux.

OFFERTOIRE. Ps. 26.

Unam petii a Domino, hanc requiram, ut inhabitem in domo Domini	J'ai demandé une seule chose au Seigneur, et je la lui demanderai sans cesse :

c'est d'habiter éternellement dans sa maison ; afin de goûter les délices du Seigneur, et de contempler les beautés de son temple. J'ai une ferme confiance que je verrai les biens du Seigneur dans la terre des vivants.

omnibus diebus vitæ meæ; ut videam voluptatem Domini, et visitem templum ejus. Credo videre bona Domini in terra viventium.

SECRÈTE.

Seigneur, dont la clémence est sans bornes, faites, nous vous en supplions, que ce sacrifice que vous a offert votre serviteur N., pontife (ou prêtre), pour le salut des fidèles, pendant qu'il était sur la terre, lui serve maintenant pour obtenir de votre divine miséricorde le pardon de ses péchés ; Par J. C.

Immensam clementiam tuam, Domine, suppliciter imploramus, ut hoc sacrificium quod famulus tuus N. pontifex (*ou* sacerdos), dum esset in corpore, majestati tuæ pro salute fidelium obtulit, ipsi nunc proficiat ad gratiam; Per.

Préface des Morts, plus haut p. 205.

COMMUNION.

Celui qui a ressuscité Jésus-Christ rendra aussi la vie à vos corps mortels, à cause de son esprit qui habite en vous.

Qui suscitavit Jesum Christum a mortuis, vivificabit et mortalia corpora vestra, propter inhabitantem spiritum ejus in vobis.

POSTCOMMUNION.

Dieu tout-puissant et miséricordieux, qui avez chargé

Quæsumus, omnipotens et misericors Deus,

ut formulum tuum N., quem in terris pro Christo legatione fungi tribuisti, his emendatum sacrificiis consedere facias in cœlestibus cum eodem Christo Jesu Domino nostro, qui tecum vivit et regnat.	votre serviteur N. d'exercer sur la terre la fonction d'ambassadeur pour Jésus-Christ, purifiez-le de toutes ses souillures par la grâce de ce sacrifice, et faites-le asseoir dans le ciel avec le même Jésus-Christ notre Seigneur, qui étant Dieu vit et règne.

Requiescant in pace. Amen.

TABLE DES MATIÈRES.

Dédicace à Sa Majesté Louis-Philippe........................ 1
Avant-Propos.. 3

PREMIÈRE PARTIE.

Notice historique de la Chapelle royale de Dreux............ 5

DEUXIÈME PARTIE.

Méditations sur les Tombeaux............................... 43

TROISIÈME PARTIE.

Offices des Morts.. 133
Ordinaire de la Messe...................................... 135
Fête de la Commémoration générale des Morts................ 155
Offices du jour de l'Inhumation et des Anniversaires........ 208
Pour le jour de la Mort.................................... 238
Pour les Anniversaires..................................... 245
Pour les Messes Quotidiennes ou Votives.................... 258
Autre Messe Quotidienne.................................... 272
Messe des Morts.. 275

www.ingramcontent.com/pod-product-compliance
Lightning Source LLC
Chambersburg PA
CBHW050638170426
43200CB00008B/1074